EDIÇÃO LIMITADA E AUTOGRAFADA!

CHRISTIAN FIGUEIREDO
VOU SER PAI

bit.ly/vouserpai

SUMÁRIO

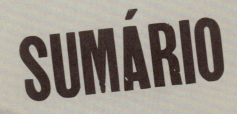

QUANDO EU NEM **8**
SONHAVA EM SER PAI

CAPÍTULO 01 **17**
RICARDO X CHRISTIAN

CAPÍTULO 02 **31**
CONHECI ELA

CAPÍTULO 03 **45**
VAMOS MORAR JUNTOS?
OPA, VOU SER PAI!

CAPÍTULO 04
ELA TÁ GRÁVIDA. VOU SER PAI! **59**

CAPÍTULO 05
CABEÇA DE ALFINETE **73**

CAPÍTULO 06
AZEITONA VERDE **83**

CAPÍTULO 07
ISQUEIRO **91**

CAPÍTULO 08
SABONETE **101**

CAPÍTULO 09
CELULAR **111**

CAPÍTULO 10
MELÃO AMARELO **119**

CAPÍTULO 11
FRIGIDEIRA **127**

CAPÍTULO 12
JACA **135**

CAPÍTULO 13
GAEL, 9 MESES **147**

CAPÍTULO 14
O GAEL NASCEU **161**

QUANDO EU NEM SONHAVA EM SER PAI

Sempre me peguei pensando: "Será que um dia vou ser pai?".

Para dizer a verdade, ser pai, ter um filho e até mesmo casar eram coisas que nunca tinham passado pela minha cabeça. Eu sequer imaginava viver o que vivo hoje – ainda mais tão jovem. E eu sei que isso é, sim, algo que passa pela cabeça de muita gente.

Será que vou ser pai? Será que vou ter dinheiro para sustentar minha família? Será que vou conseguir educar meus filhos? Será que vou conseguir amar meu filho? Mil e uma questões aparecem na nossa cabeça antes de começarmos a viver, de fato, a vida em família. Eu sei bem o que é isso.

Então, voltando ao assunto, ser pai nunca foi algo que me passou pela cabeça, mas quando ouvi da mulher que amo a frase "Estou grávida!", parece que trocaram um chip. Girei a chavinha do meu modo de pensar, e meu mundo virou de cabeça pra baixo. Então me dei conta de que a melhor jornada da minha vida estava prestes a começar.

Ao ouvir essa notícia, decidi começar a escrever este diário, que talvez nunca venha a ser publicado, ou pode ser que eu mude de ideia e decida contar a todo mundo o que senti desde o dia em que soube que seria pai. Bem, se você estiver lendo isto aqui, significa, sim, que eu mudei de ideia.

Portanto, a partir de agora, sinta-se entrando na minha cabeça neste exato momento, em cada detalhe desta jornada e na melhor coisa que aconteceu na minha vida: a paternidade.

Alguns podem pensar agora: "Mas o bebê ainda nem nasceu, Chris". Bom, mas um novo Chris nasceu e, com ele, novas responsabilidades, medos e inseguranças. Estou escrevendo esta nota enquanto espero minha mulher fazer um exame de raio-X. Explico: assim que me contou que estava grávida, minha mulher caiu no chão, ou melhor, caiu antes mesmo de me contar (não tentem entender agora. Vou chegar nesse momento quando a notícia for dada nos capítulos lá na frente). E, pra dizer a verdade, nem sei neste exato momento se ela pode ter perdido o bebê, o que me deixa ainda mais apavorado.

Odeio cheiro de hospital. Tá tão frio aqui, ou será que estou morrendo de medo e o frio aumentou? Hospital me lembra o falecimento da minha vó. Que merda! Por que estou pensando nisso agora? Não quero que meu filho nasça num hospital... Existe isso? De nascer em casa?

Sempre que apresentava trabalhos na escola, eu ficava com frio, mesmo estando trinta graus. Às vezes me sinto meio inseguro, principalmente agora, com minha mulher numa sala de raio-X e eu aqui fora, com várias pessoas me olhando. Devem estar pensando: "Por que esse menino está na emergência do hospital?". Podem até achar que estou gripado ou apenas acompanhando minha mãe, que estaria com dor nas costas. NÃO, GENTE, EU VOU SER PAI!!!! (ou não, não sei ainda...)

Por que esse raio-X tá demorando tanto? Será que perdi um filho que fiquei sabendo da existência há menos de uma hora?

Ainda me sinto tãoo jovem e vou ser pai!? Uau, será que meu pai sentiu a mesma coisa quando minha mãe contou pra ele que estava grávida de mim? MEU DEUS! Como vou contar pra eles que seu filho caçula vai ser PAI? Como vou contar pros meus amigos? Pra minha família toda? Meus amigos da escola estão na faculdade pensando em cursinho e estágio, e eu aqui, no hospital, esperando um futuro que nem sei se é verdade. Estou sonhando? É um sonho? Me belisca alguém aí, por favor. Será que é pra ser mesmo? Será que é uma trollada? (*trollada* é uma palavra tão feia pra se escrever nesta nota do meu celular... vai que eu publique algum dia?) Bom, se você estiver lendo agora e não souber o significado dessa palavra que usamos na internet, *trollada* é uma espécie de brincadeira que uma pessoa faz com a outra, uma pegadinha! Enfim, acho que minha namorada não faria uma pegadinha tão elaborada assim comigo! Será que estou na TV e tão gravando tudo? Meu Deus! Pode ser isso, tão brincando comigo!

Bom, acho que estou muito ansioso e tremendo um pouco neste exato momento. Esta nota ficou gigante, e eu nem sei o que vai ser da minha vida a partir de agora. Acho que não estou na TV mesmo, e isto aqui não é um sonho. A ficha tá caindo aos poucos.

Christian do futuro, me conta! Ela saiu feliz do raio-X?

Espero que dê tudo certo e que também o amor da minha vida saia do raio-X sorrindo. Talvez ela saia sorrindo pra me contar algo ruim. Posso me enganar muitas vezes, todos sabem que sou meio preocupado e exagerado, então me contam coisas ruins sorrindo pra não me impressionar. Mas perder um filho? Acho que ela não sairia sorrindo daquela sala! Meu amor, saia logo daí. Quero conversar mais com você, tenho tantas perguntas. Tem tantas coisas passando pela minha cabeça agora sobre meu futuro, digo, nosso! EU, VOCÊ E UM FILHO, OU FILHA? Meu Deus, minha vida vai mudar completamente.

Quem leu os três diários da minha adolescência e assistiu ao meu filme sabe exatamente como estou agora. Pra quem está aqui por curiosidade: Oi, eu sou o Christian Figueiredo – e vou ser pai!

Bem-vindo ao meu novo diário.

Corta para o futuro

Na verdade, cortando para o futuro, eu já sou pai. O Gael já nasceu e a minha vida, de fato, se transformou – e vem se transformando – desde o dia em que eu soube que o amor da minha vida estava esperando um filho meu. Este diário, o meu mais novo diário, teve início quando recebi a notícia de que seria pai. E, sim, tudo começou meio conturbado. Minha mulher acabou caindo e tivemos de ir muito rápido ao hospital (mas essa é uma das histórias deste diário e, por isso, você vai ter de esperar o momento certo para saber o que aconteceu).

De agora em diante você será levado ao meu novo mundo, o mundo em que me transformo em pai. Claro que muita ansiedade e previsões trágicas passaram pela minha cabeça – como bem sabe, eu fico fazendo mil e um planos para o futuro antes mesmo de tudo acontecer –, então decidi dividir tudo isso com você para que descubra que ser pai é uma das melhores experiências da vida. Dá medo, assusta e nos deixa muito ansiosos, mas vale a pena.

E me desculpem o clichê – lá vou eu começar com clichês outra vez, mas descobrir-se pai é muito loko desde o início. Bom, para começar, eu não vou mentir para ninguém aqui. Foi, sim, um choque muito grande quando eu soube que a Zoo estava grávida. Ainda mais porque naquele momento eu vi um filme da minha vida se passando pela minha cabeça. Era como se, a partir daquele momento, eu tivesse que amadurecer, e crescer e ser um herói para o meu filho, mas na realidade eu tinha só 24 anos. Ok, eu já sabia que queria passar o resto da minha vida com a Zoo e que, eventualmente, teríamos um filho, mas nunca, jamais, imaginei que seria tão rápido. Então, sim, eu fiquei assustado por um tempo. Com medo também.

Até que entendi e aí eu comecei a curtir – o que não significa que o medo tenha diminuído. Quando comecei a curtir, vi como tudo ao meu redor estava mudando.

Não era só o Christian que seria pai pela primeira vez, mas todo mundo à minha volta experimentaria comigo algo novo pela primeira vez. E olha que loko: aos 24 anos, quando eu achava, na maior inocência e petulância, que tinha conquistado tudo, vem um bebê e muda tudo, traz o novo de novo para a minha vida e para a vida de todos ao meu redor.

A novidade da descoberta de ser pai trouxe para a minha vida a chance de mudar meu olhar e de me reconectar comigo mesmo, com meus pais, com minha família, com a internet, com meu trabalho. Com tudo. E essa sensação, posso dizer com segurança e tranquilidade de alguém que tem ainda muito a aprender como pai, como homem e como ser humano, não tem preço.

Por isso, antes de começar este novo diário, quero convidá-lo a pensar sobre:

QUAL FOI A ÚLTIMA VEZ QUE VOCÊ FEZ ALGO PELA PRIMEIRA VEZ?

Vou deixar a próxima para você. Te faço um convite, para que neste momento da leitura você possa pensar, sem medo e sem pressa. Compartilhe comigo nas redes sociais usando a hashtag #VouSerPaiOLivro.

USE ESTA PÁGINA PARA VOCÊ PENSAR E ESCREVER SOBRE A EXPERIÊNCIA DO MOMENTO EXATO EM QUE VIVEU ALGO PELA PRIMEIRA VEZ.

AGORA, SIM: BEM-VINDO AO MEU NOVO DIÁRIO!

RICARDO X CHRISTIAN 01

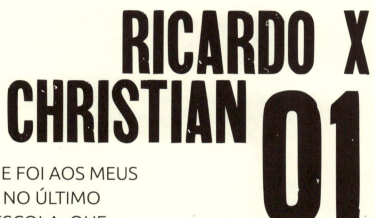

ACHO QUE FOI AOS MEUS 17 ANOS, NO ÚLTIMO ANO DA ESCOLA, QUE ME PEGUEI PENSANDO: QUANDO VOU DEIXAR DE SER ADOLESCENTE? QUANDO VOU DEIXAR DE SER "MOLEQUE" E VOU VIRAR UM "HOMEM"? SERÁ QUE CRESCER TEM MESMO RELAÇÃO COM A IDADE?

Aos 17 anos, eu começava a desconfiar que não, mas ainda não tinha nada muito certo sobre isso na minha cabeça. Eu já trabalhava, é verdade. Já fazia meus vídeos pro YouTube™ e começava a ganhar algum destaque, mas ainda estava no começo. Em casa era muito claro pra mim que, se eu quisesse alguma coisa, teria de batalhar para que ela acontecesse. Meus pais sempre foram exemplo de muito trabalho e de muito "Corre atrás dos seus sonhos, não importa o que os outros pensam". Hoje começo a pensar que o meu caráter é reflexo disso. Porém, àquela altura da minha vida, eu ainda não sabia direito o que era amadurecer. Sabia, sim, valorizar o que conquistava, mas ainda acho que era mais moleque do que adulto.

Minha mãe tem um amigo de quem ela sempre fala: "O Ricardo não cresce, ele tem síndrome de Peter Pan, 60 anos na cara e acha que tem 15!". E isso não é uma crítica, pois ela ama muito o Ricardo, e eu, obviamente, também o amo! É impossível, na verdade, não amar o Ricardo. Ele é aquele cara que no meio dos velhos se destaca e anima o ambiente todo, aquela pessoa que, se o almoço estiver entediante, agita todo mundo com o seu espírito jovem e as piadas leves e bobas. Enfim, estar ao lado do Ricardo é bom, gostoso e saudável. Não tem como não dar risada ou ficar triste ao lado dele.

Quando comecei a me questionar sobre maturidade e sobre essa história toda de crescer e deixar de ser adolescente, claro que o Ricardo me veio à cabeça. Cresci ouvindo minha mãe dizer que ele é aquele cara que nunca cresce, que age como se fosse eternamente jovem. Logo me vi pensando: "Será que vou ser um Ricardo quando crescer e animar todo mundo ou vou ser um pai de família sério?". Eu, aos 17 anos, pensando em ser pai de família? Por que isso? Tá muito cedo ainda pra ter um bebê, nem cheguei nos 25, ufa! Falta muito pra chegar aos 60 que nem o Ricardo. Vamos deixar o filho pros 30, né? Bora aproveitar cada segundo como se fosse o último!

Acho que eu escuto essa frase do Ricardo desde que eu tenho 12 anos. Não posso dizer que eu não aproveitei todos os segundos da minha vida, e acho que ele também aproveita, é claro. Mas é muito mais fácil falar do que, de fato, viver o momento como se ele realmente fosse nossa última chance ou estivéssemos no nosso último segundo de vida. Não é bem assim que as coisas funcionam. E talvez, hoje, eu saiba disso melhor do que antes.

Posso dizer que aprendi a valorizar a minha vida e todos os momentos que vivo, sempre com a consciência de que são únicos. Mas também tenho meus momentos de ter que voltar a colocar os pés no chão, olhar para a minha realidade e valorizar o que tenho. Acho que todo mundo é um pouco assim...

Voltando ao Ricardo, minha mãe e eu sempre o víamos aos domingos. Geralmente comíamos uma pizza juntos e, às vezes, o rolê se esticava pra um cinema. Depois que eu saí da casa da minha mãe, aos 19, vejo o Ricardo menos, mas uma vez por mês a gente ainda come uma pizzinha juntos. Mês passado foi quando ele me falou pra eu aproveitar ao máximo cada instante da minha vida porque, quando eu piscasse os olhos, já estaria com 60.

Depois desse "aviso" meio clichê de alguém de 60 anos (vai dizer que sua família não tem um membro ou um amigo que acha que tem 15 anos e que te dá altas dicas de vida das quais você pensa: "Por que ele tá me falando isso agora?"). Hoje em dia eu penso no quanto o Ricardo tem razão. De repente sua vida muda completamente e você nem percebe, mas enfim, estamos no Chris de um ano atrás, com 24 anos, que acabou de comprar seu primeiro apartamento, seu primeiro carro importado e tem uma carreira toda pela frente. Eu me sinto abençoado por ter começado tudo tão cedo, por ter realizado meus sonhos materiais tão rapidamente. Às vezes parece que ainda não caiu a ficha de que com menos de 25 anos eu já tenho uma vida profissional e financeira estabilizadas. Hoje consigo olhar pro Ricardo e pensar: "Obrigado, Ricardo, aproveitei cada instante até hoje como se fosse o último e tenho décadas e décadas pra desfrutar de tudo que estou conquistando".

Com 12 anos, meu sonho era poder dar uma vida confortável pra minha mãe e pro meu pai, que sempre ralaram pra pagar uma escola particular pra mim e me dar uma adolescência incrível. Não nasci em berço de ouro e tudo dentro de casa entrava de forma muito suada. Pude materializar alguns sonhos deles, como um carro novo pra minha mãe trabalhar e paguei contas dos meus pais – contas que eles sempre pagaram pra mim, como seguros, plano de saúde etc. Hoje não me custa estender a mão pra quem me deu uma visão de futuro, para as duas pessoas que mais amo neste mundo, que sempre apoiaram minhas loucuras e minhas vontades por mais loucas que fossem.

Meu pai sempre me ajudou com meus diários e livrinhos que escrevia à mão. Sempre gostei muito das palavras no papel, mas tinha vergonha das palavras expressas verbalmente. Sempre tive muita vergonha de me expressar e de mostrar quem sou dialogando. Falava o básico e ficava quieto. Porém, minha mãe me ajudou muito nessa parte, verbalizando tudo o que eu escrevia. Em 2006, gravei um dos meus primeiros vídeos, conversando com a câmera (da minha mãe no caso). Peguei a câmera dela escondido, na época com uma memória incrível de 150MB, o cartão de memória mais potente da época. Gravei um vídeo de 2 minutos, que minha mãe acabou assistindo, pois eu não o tinha apagado da câmera. Ela viu aquilo e falou: "FAZ MAIS!!!".

Aquele "Faz mais" empolgado, me incentivando a continuar algo tão bobo, me deu vontade de gravar mais mil vídeos.

Por isso sempre digo: ter pais que nos incentivam a ser quem somos, incentivam pequenas coisas, por mais bobas que sejam, pode mudar nosso futuro PRA SEMPRE. Meus pais mudaram o meu, e por isso sou grato eternamente a eles. Hoje posso estar aqui, incentivando outros jovens por meio de palavras escritas nos meus livros e verbalmente nos vídeos. Acreditem em vocês e em pequenos talentos. Por mais bobos que sejam, eles podem mudar seu futuro e de muita gente ao seu redor.

Voltando agora ao Ricardo, me lembro do que ele me disse um dia: "Você vai se tornar um homem quando sair de casa e encontrar o amor da sua vida. Não dá pra ficar pra sempre na barra da saia da sua mãe".

Sempre me achei parecido com o Ricardo e, um dia, escrevi algumas notas no celular depois de jantar com ele um dia: "Hoje mudamos o cronograma. Fomos numa hamburgueria, chega de pizza! No jantar, o Ricardo olhou pra minha mãe e falou: 'Seu filho vai acabar que nem o Rick aqui: sessentão e solteirão!'".

Ele falou aquilo sem brincar, com um ar calmo e um pouco chateado por muitos anos terem se passado e não ter encontrado alguém pra dividir pensamentos, conversas, vivências e momentos únicos que você só vive com alguém que ama muito e não apenas com um caso rápido. Ele sempre foi solteirão, nunca parou com nenhuma mulher, então pensei: "Será que vou acabar que nem ele? Mas isso é ruim? Sou tãããão feliz assim, vivo sozinho num apartamento só meu, pago minhas contas, faço tantas coisas ao mesmo tempo e não preciso de ninguém pra ser quem sou".

Eu me sentia muito feliz sozinho, mas é aquilo: primeiro precisamos nos sentir completos e felizes sozinhos pra depois encontrar alguém que some em nossa vida. Por isso, senti o Ricardo meio chateado aquele dia, pois viu um moleque que era filho da amiga dele, que conhecia desde os 10 anos de idade, completando 24 anos, morando sozinho e nunca falando de uma mulher que tenha mudado a vida dele.

Enfim, fiquei com aquilo na cabeça. De certo modo, eu estava bem feliz com a minha vida. Tinha conquistado tudo o que eu sonhava até ali e até coisas que jamais imaginei conquistar um dia. Não tinha do que reclamar e, para falar a verdade, nunca tinha parado para pensar em como seria a minha vida num futuro muito mais distante, aos 60 anos, por exemplo. Eu estava realmente vivendo o meu presente como se não houvesse amanhã. E me sentia completo por isso porque eu estava retribuindo com gratidão e realizações materiais aos meus pais tudo o que eles haviam me proporcionado para chegar aonde cheguei.

Não me faltava nada, certo?

Mas, ao mesmo tempo, aquela afirmação do Ricardo mexeu comigo. Acho que eu não era mais um garoto ou um adolescente com quem o amigo engraçadão da mãe brinca com piadas idiotas. Eu era o outro lado da história, um homem para o qual outros olhariam e em que se espelhariam, ou não.

Percebi que não era mais um moleque olhando pro Ricardo, vendo nele um cara de 60 anos que tinha conquistado TUDO materialmente (Ricardo comandava uma grande multinacional em São Paulo), mas que emocionalmente estava frágil. E quando ele me viu aquele dia, enxergou alguém parecido com ele, alguém que, muitas vezes, desfocava do próprio emocional para olhar o outro, para deixar o outro feliz, o outro animado, sempre preocupado em trazer uma energia positiva para o ambiente, mas que por dentro se sentia sozinho.

Sei que não foram as conquistas que me transformaram de moleque em homem, nem a idade e nem alguém me dizendo isso. Teve um momento em minha vida, depois que minha vida profissional começou a dar certo, que eu parei de olhar pra mim e comecei a me importar só com o bem-estar de quem acompanhava meu trabalho (você que está me lendo). Minha vida passou a ser de quem estava comigo virtualmente, que dava credibilidade ao meu trabalho e ao conteúdo que eu produzia. Fui morar sozinho pra produzir pra vocês. Eu abria minhas redes pra ver o que vocês estavam falando de mim, e isso não foi ruim. Só que eu parei de olhar pra mim e me senti preso no tempo: como alguém saindo da adolescência, mas tentando se manter no papel de adolescente pra continuar se comunicando com seu público.

Nesse momento, me lembrei do Ricardo, no auge dos meus 24 anos, me falando pra eu parar de focar apenas as conquistas — e em agradar o outro — e focar o meu emocional e a minha pessoa. Na vida, não podemos ficar o tempo todo olhando somente pro outro. Muitas vezes, temos que olhar pra nós mesmos pra seguir em frente.

Se você passa uma vida tentando agradar o outro, você não vai ser feliz, pois deve haver um equilíbrio entre o que é bom pra você mesmo, aquilo que te faz bem e te faz crescer como ser humano, e aquilo que você faz para que o outro se sinta bem, seja feliz e se sinta animado. Saber dosar esses dois lados é que é o desafio da vida.

E eu estava me sentindo assim. Aos 24 anos não tinha tempo para mim, para nada que fosse só meu. Sabe aqueles momentos em que você se vê sozinho e com tempo e disposição de não fazer nada, de se permitir apenas ficar livre pra pensar em você mesmo ou, simplesmente, não pensar? Eu não conseguia viver isso, primeiro porque estava com uma agenda cheia de trabalho e com muita coisa pra fazer (isso é bom, tá? Não tô reclamando) e segundo porque eu queria a todo custo proporcionar uma vida melhor para os outros. E nessa balança a minha vida pessoal, o meu emocional, acabou ficando de lado, e isso, sim, foi ruim.

É PRECISO SE DESCONECTAR DO MUNDO VIRTUAL PARA SE CONECTAR CONSIGO MESMO.

Senti que estava indo para um extremo desse equilíbrio, para o lado que não pensava mais em mim, somente no outro. No público, nos fãs, nos amigos, na família e, por último, quando sobrava tempo, em mim. Quando entrei em equilíbrio, me senti amadurecendo e tirei um tempo pra minha cabeça, pro meu eu.

Mas, Christian, você ficou maluco? Você ficou doido? Como assim se desconectar? Você trabalha com internet! Pirou? Como você fala isso? É impossível se desconectar!

Não, meus amigos, eu não fiquei maluco, e, por mais clichê que essa frase possa parecer, ela é bem verdadeira. E, sim, eu me desconectei por um período. Isso não significa que eu esteja dizendo que você tem de fazer o mesmo ou que estou certo de pensar assim. Mas foi o que eu fiz, e isso trouxe muito sentido para mim, ou melhor, posso dizer que mudou a minha vida pra sempre.

Ainda não acredita?

Calma, galera, eu me planejei muito bem para fazer isso. Tenho consciência de que o meu trabalho depende da minha exposição, mas eu precisava de um tempo. Então, o que fiz? Eu Me organizei para poder ficar off-line por um período, isto é, para só aparecer de vez em quando fazendo um story ou outro no Instagram® e postando uma foto aqui e outra ali para não ser completamente esquecido.

E por que eu fiz isso?

Fiquei um ano sem expor minha vida pessoal, um ano sem postar tantas fotos, vídeos, daily vlogs (durante quatro anos, sem parar, postei vídeos diários mostrando meu dia a dia). Fui de 2014 ao final de 2017 quase sem falhar um dia, mas tinha momentos em que eu estava filmando apenas coisas que vocês pediam, que já não eram mais originais. Eu estava vivendo minha vida no virtual e não criando uma vida verdadeira no mundo real. Não era mais espontâneo, era uma obrigação.

Hoje em dia, todos somos conectados, e acabamos postando coisas que os outros postam também. Sua amiga ou amigo comprou algo e postou? Então, alguém vai querer postar a mesma coisa. Todos estão usando e postando tal roupa? Alguém também vai querer ter pra postar. Muitas vezes a pessoa nem gostou espontaneamente daquilo, mas quer ter, pois todos têm. Eu estava virando esse cara, postando apenas porque "tinha" que postar. Todos postando? "Vamos postar" também!

Senti que estava perdendo minha identidade, meu eu, o cara que começou um negócio gigantesco despretensiosamente aos 15 anos e que agora o seu trabalho e de sua grande equipe passou a alimentar várias mesas e famílias... Quando percebi que estava tudo mecânico, pausei.

E ao mesmo tempo eu me vi mais perdido ainda entre tudo aquilo que desfrutava aos 24 anos. Imagine-se no meu lugar: eu era um cara bem-sucedido, morava sozinho e tinha conquistado tudo o que sonhava, e ainda

podia proporcionar uma vida bacana para os meus pais. Tava tudo lindo. Tava. Eu não podia reclamar.

Porém, comecei a perceber que não sabia mais dizer quem eu era. Estava num conflito enorme. Posso dizer que tinha uma vida dividida entre duas histórias. De um lado, eu era o Christian que tinha começado a fazer vídeos aos 15 anos e que ouvia as críticas mais horríveis dos amigos de escola, que riam da minha cara porque me achavam um *loser*. Diziam que aquilo nunca daria certo. E, de outro, eu era o Christian que nunca deixou de acreditar em si mesmo, que pôde contar com o apoio dos pais e seguiu o seu caminho, continuou fazendo aquilo em que acreditava ser certo e atingiu uma vida incrível aos 24 anos, com fama, conhecendo seus ídolos, podendo viajar, morando sozinho e ainda podendo garantir uma vida tranquila a muitas famílias.

Eu não sabia para que lado ia, quais eram realmente os meus amigos e que tipo de vida eu gostaria de seguir dali em diante. Estava realmente perdido e sem me reconhecer. E quando isso acontece, aprendi com a minha mãe, é preciso parar e se reconectar espiritualmente.

Quando me dei conta disso, eu sabia que ou parava e procurava me reencontrar, me reconhecer em mim mesmo e até perceber quem eram os meus amigos – tanto os que chegaram com a internet quanto os que eram da escola –, ou eu viveria uma vida vazia e sem respostas.

POR ISSO, EU ME ORGANIZEI E PAREI POR UM ANO.

Foi um ano que tirei pra mim, com menos vídeos, menos selfies, menos stories e mais HISTÓRIAS, mais vivências reais!

Antes de tomar essa decisão, claro que eu me lembrei do Ricardo. A lembrança dele veio forte na minha cabeça, a fala dele me dizendo: se ouça mais e ouça menos os outros. E foi o que eu fiz, me ouvi, e hoje posso dizer que sou o cara mais feliz do mundo. E não falo isso da boca pra fora, de jeito nenhum. Parei um pouco, organizei todas as minhas contas, deixei todo o meu trabalho programado para rodar sem mim (sim, isso quer dizer que eu deixei gravados vídeos para rodarem durante um ano e fiz campanhas grandes que pagariam as minhas contas por um ano inteirinho). Eu me aproveitei do privilégio que estava vivendo naquele momento e me retirei para estar só comigo mesmo e com as pessoas do meu convívio off-line.

Bom, e se eu estou aqui, hoje, escrevendo estas notas no celular e, ao mesmo tempo, contando a você que sou o cara mais feliz do mundo, alguma coisa eu aprendi com esse ano off-line, concorda?

Espero que sim, na real.

E, se me permite um conselho, enquanto está lendo esta frase, neste exato momento:

Feche um pouco o livro, pois o que está por vir nos próximos capítulos é a parte mais importante desta história. Tome um tempo para pensar um pouco na sua própria história e no que eu vou falar agora: na vida, a gente só faz a diferença sendo diferente.

O principal de tudo isso é aprender a se ouvir, a ouvir a sua cabeça, o seu coração e, em seguida, prestar atenção ao que dizem as pessoas que você ama. Nunca ouça quem você ama antes de se ouvir, independentemente se essas pessoas forem o seu pai ou a sua mãe e quiserem, claro, o seu melhor. Muitas vezes até quem nos ama, pelo amor que sente por nós, acaba limitando as nossas escolhas e decisões porque não querem que nada possa dar errado na nossa vida.

Você precisa se ouvir antes de seguir conselhos e dicas das outras pessoas. Somente com a mente LIMPA você vai saber se guiar e escolher o que é bom para si, vai saber que nem tudo pode dar certo e que, muitas vezes, vai precisar tentar mais de uma vez até o seu plano ter êxito. Mas repito: mente limpa! Nada do mundo exterior deve mexer com a sua mente, sejam bebidas ou qualquer outra coisa. Antes de tomar uma decisão, esteja só e consciente com a sua escolha, pois essa é a melhor forma de ser feliz e alcançar bons resultados na vida. Se não der certo uma vez, duas ou três vezes, na quarta ou na quinta tentativa você acerta.

Você vai entender um pouco mais sobre isso nos próximos capítulos. Agora reserve um tempo para organizar seus pensamentos e refrescar a sua memória sobre quem é você de verdade. Ter isso em mente vai fazer toda a diferença na leitura deste livro.

CONHECI ELA 02

TIROU UM TEMPO PARA PENSAR EM SI MESMO? EU QUERO QUE VOCÊ REALMENTE FAÇA ISSO ANTES DE COMEÇAR A LEITURA DESTE E DOS PRÓXIMOS CAPÍTULOS.

Por que eu quero isso?

Porque o que vou compartilhar com vocês a partir de agora só aconteceu, só teve espaço para acontecer, porque eu decidi separar um tempo só para mim, para me conhecer e me reconectar com o meu verdadeiro eu, com o Christian Figueiredo de carne e osso. Por isso, pare um pouco, respire e aí, sim, comece a leitura.

Bom, já deixei pistas neste comecinho de que, sim, eu não estava mentindo ou inventando uma historinha quando disse a vocês que tirei um ano só para mim, que me afastei da internet para me encontrar comigo mesmo. Talvez você não tenha percebido ou sentido tanto a minha falta nesse período porque, como disse, eu me planejei para fazer isso. Deixei tudo programado e tudo preparado para que pudesse me dar ao luxo de trabalhar menos – quase nada, na verdade – durante um ano.

Enfim, voltando ao Christian que se organizou para se afastar do mundo virtual por um ano: o que fui fazer?

É PRECISO SE DESCONECTAR PARA SE CONECTAR COM O QUE REALMENTE IMPORTA.

Há várias formas de se desconectar e, por mais clichê que isso possa parecer, no meu caso, desconectar era, sim, me afastar da internet. Mas para você pode ser reduzir um pouco a carga de trabalho, dedicar mais tempo à sua família e até mesmo encontrar alguma atividade que lhe dê prazer.

Para mim, foi um ano em que tive a oportunidade de descobrir as coisas que me faziam sentido de verdade. Era aquele lance: eu tinha de viver e me encontrar com as pessoas que faziam parte da minha vida fora do glamour que eu já havia conquistado na internet para descobrir quem realmente estava perto de mim por quem eu era e não pelo que eu havia conquistado.

Eu me permiti fazer essa viagem. Viajei muito nesse período, mas também viajei sozinho para a minha casa, para o meu eu. E é em meio a essas viagens que eu quero começar este capítulo, que, com certeza absoluta, é o mais especial do livro para mim.

Este é capítulo mais especial porque conto aqui como a minha vida mudou completamente. Foi quando um turbilhão de sentimentos tomou conta do meu coração. Lembra aquela sensação estranha que eu sentia ao ver a imagem do Ricardo, o amigo da minha mãe, e me ver nele no futuro? Aquela sensação de estar bem-sucedido e realizado profissionalmente, com tudo o que sempre sonhei, mas ainda assim me sentindo vazio e sozinho? Pois bem, tudo isso, todos esses sentimentos caóticos e ruins acabaram por desaparecer. Eu parei de me ver sendo o Ricardo no futuro. Simplesmente passou.

Como citei no meu romance *Um Coração Maior que o Mundo*, escrevi uma frase no meu bloco de notas durante uma viagem, na estrada, ouvindo uma música de que gostava, ao lado dos meus amigos e com a cabeça vazia, pensando em mim e em mais ninguém: viva a vida intensamente todos os dias, fazendo o que você ama, pois tudo pode mudar.

VIVA SUA VIDA. TODOS OS DIAS. PERMITA-SE. FAÇA O QUE VOCÊ AMA. TUDO PODE MUDAR A QUALQUER INSTANTE.

Ter esse pensamento é o sonho de todo ser humano, pelo menos eu acho. E nesse ano em que fiquei fora foi isso que eu tive em mente: viver a minha vida intensamente, todos os dias, me permitindo descobrir o que eu amo/amava fazer e jamais esquecer que tudo poderia mudar da noite para o dia; por isso eu tinha de me manter forte nas minhas convicções e na minha essência. Se você pensa assim também, bora colocar esse pensamento em prática.

Ali, naquela viagem, eu estava leve, com a cabeça a mil, criativa, pensante. Foi assim que eu descobri como a criatividade está ligada ao autoconhecimento. Nunca tinha passado pela minha cabeça que os meus momentos de travas e inseguranças vinham de períodos de intensa cobrança e de uma série de tentativas de agradar às pessoas. Eu vivia de produzir vídeos na internet, criava conteúdo, e precisava da aprovação das pessoas para continuar o meu trabalho e, então achava que tinha de me adequar a cada grupo.

Quando esvaziei a minha cabeça, permiti me reconectar com os meus princípios; percebi que eu não tinha de ser diferente com cada pessoa que aparecesse no meu caminho, que eu não precisava mudar para agir com os meus amigos da escola que me conheciam desde moleque e com os meus amigos que surgiram com a internet e, muito menos, ser outro Christian com as pessoas da minha família.

Eu percebi, ao esvaziar a minha cabeça, que era um único Christian, que minha personalidade era uma só, que as pessoas deveriam me conhecer dessa maneira e somente aquelas que realmente gostassem de mim e tivessem interesse por aquilo que eu fazia continuariam do meu lado.

A partir disso, um turbilhão de criatividade tomou conta da minha vida, da minha cabeça. Passei a me importar em ser eu mesmo e, com isso, acabei modificando o meu modo de criar e de pensar, ou seja, as coisas começaram a fazer sentido quando se conectavam com a minha verdade. Foi isso.

Para sermos criativos, precisamos estar conectados com o nosso "eu", aquele que só nós mesmos conhecemos; aquele "eu" que não foi construído nem moldado por ninguém ao seu redor, mas construído por você mesmo. É um "eu" que ninguém conhece, somente você, um "eu" que está lendo isto agora e sorrindo dentro de você. Esta não é uma personalidade que você cria pra cada momento da sua vida, pra cada pessoa que conhece e pra cada grupo de amigos com quem anda. Não é um "eu" que conversa com seus pais nem tenta agradar a quem você ama. É um "eu" TOTALMENTE ORIGINAL, que só você conhece, e quando você está feliz e de cabeça vazia ele aparece, te deixando mais leve ainda.

Quando escrevi essa frase, eu estava com esse "eu" presente no momento. E foi ali que tudo mudou. Com a positividade daqueles dias e daquela viagem entre amigos, voltei pra São Paulo revigorado, limpo e pronto pra colocar a mão na massa em todos os projetos que eu estava planejando.

EU FUI INVADIDO POR UMA COISA CHAMADA VIDA.

A vida não tem a menor graça se não tivermos algo que faça nosso coração bater mais forte, né?

E a minha volta coincidiu com o encontro que mudaria a minha vida para sempre. Naquela época eu já tinha ouvido coisas do tipo:

VOCÊ SÓ É FELIZ COM ALGUÉM QUANDO ESTÁ FELIZ CONSIGO MESMO.

Mas eu não acreditava muito nisso. Eu já tinha, sim, vivido um relacionamento sério, de cerca de três anos, e me considerava feliz. Mas é aquele negócio: sempre me faltava algo, nunca era o suficiente, até que me permiti esvaziar a cabeça e me reconectei com os meus valores. Foi nesse momento que eu me senti completo, realmente feliz, e pronto para ser feliz ao lado de outra pessoa.

Não, eu não programei tudo isso. E não estava à procura de alguém. Acho que as coisas realmente acontecem no tempo delas, e eu estava só vivendo a minha vida, me reconectando com as minhas crenças e verdades. Pode parecer estranho, mas o movimento que fazemos ao universo realmente é devolvido à nossa vida: eu estava em busca da verdade, das minhas verdades, e só poderia atrair coisas boas e verdadeiras para a minha vida.

Foi o que aconteceu.

Como eu disse, eu estava fora da internet e postava vez ou outra alguma coisa no Instagram. Eu não usava o WhatsApp®, e só falava pelo telefone com as pessoas da minha família e que trabalhavam comigo. Era isso que estava me fazendo bem.

Porém, eu tinha acabado de voltar de viagem e tinha trazido presentes pra todo mundo. Num almoço com meu pai, coincidentemente, saímos com a mesma camisa. Na hora, pensei: vou postar uma foto com meu pai e aparecer um pouco nas redes. Fiz um story, deixei o celular de lado e fui curtir a família.

Depois de um tempo, olhei o celular e tinha uma
mensagem da Zoo reagindo ao meu post. Na hora,
para quem me conhece, um zilhão de coisas passaram
pela minha cabeça. Meu Deus, sério que ela reagiu
ao meu story? Nossa, ela é muito linda, o que eu
respondo? Vou responder, chamá-la pra fazer um
projeto? Mas que projeto? Vou convidá-la pra conhecer
meu estúdio? Mas, se eu chamá-la pra ir em casa,
tenho que bolar um superprojeto. Eu não tenho um
projeto! Nossa, o que eu respondo?

Eu fiquei loko. Travei. Não sabia o que responder, mas,
ao mesmo tempo, não queria deixá-la sem resposta. Eu
queria falar com ela, conversar com ela.

Eu já conhecia a Zoo da internet. Ela era amiga de
alguns amigos meus, mas nós nunca tínhamos nos
encontrado, trocado uma ideia. Eu sabia que ela fazia
parte de uma banda eletrônica e achava ela gata
demais. Só.

Agora ela estava me mandando mensagem, e eu não
sabia o que fazer.

Eu respondi. Agradeci pelo elogio e a chamei pra
conhecer meu estúdio. Disse que tinha uns projetos para
apresentar pra ela.

Lembra que eu estava há um ano fora, né?

Eu estava completamente off-line e retomando ainda
a ideia de trabalhar, pensando o que iria fazer e como
fazer. Eu, definitivamente, não tinha um projeto. Mas a
vontade de me encontrar com ela falou mais alto, e foi
a única ideia que me passou pela cabeça.

De repente, a mensagem dela me fez pensar de novo em mim como produtor de conteúdo e como pessoa que trabalha com internet. Eu tinha convidado uma gata para ir ao meu estúdio conhecer um projeto que eu nem tinha. Uma chavinha virou na minha cabeça e comecei a ver que era hora de voltar às redes. Foi aos poucos, é claro, mas para quem tinha ficado dias sem mexer no celular, voltei a ficar horas no Instagram só pra ver se a Zoo iria postar alguma coisa ou se iria me mandar uma mensagem. Continuamos nos falando e cada vez mais eu gostava de conversar com ela.

Chamei-a. Assim, sem medo, para ir em casa. Combinei com o pessoal que trabalhava comigo para que ficassem lá por uns 15 minutos depois que ela chegasse, e me ajudassem a apresentar o estúdio pra ela. Depois disso, iriam embora.

Lembro até hoje do nosso primeiro beijo. De todas as meninas com quem fiquei, ela foi a única que falou: "Me beija". Foi como um "Cala a boca".

O AMOR CHEGA PARA TRANSBORDAR E NÃO PARA COMPLETAR.

Vivendo meus dias, um após o outro, sem esperar grandes acontecimentos, sem ansiedade, apenas sendo feliz dia após dia, conheci a mulher que mudaria minha vida. A mulher que me mandou calar a boca e beijá-la. A futura mãe do meu filho e dona do meu coração.

E como eu já disse antes pra quem acompanha meus textos: o que existe é o amor, esse sentimento que salva as pequenas horas, às vezes um dia e, com sorte, uma vida.

Estávamos conversando, mas eu não tomava a iniciativa de beijá-la simplesmente porque a conversa estava bastante profunda. Nunca tinha me aprofundado tanto num assunto com alguém que eu estava conhecendo. Falamos sobre tantas coisas sem nem nos conhecermos direito, que me deu a impressão de que a conhecia há anos. Em dez minutos, senti como se fosse o melhor amigo dela; em uma hora de conversa, irmão; em duas horas de conversa, alma gêmea. Mas depois de duas horas conversando sem parar, a Pri (ou Zoo, como ela gosta de ser chamada pelos que não são família ou MUITO próximos dela) me calou com um beijo, nosso primeiro beijo, o beijo que marcou a minha alma. Foi tão profundo e intenso, que não posso descrevê-lo em palavras, mas posso te dar a sensação a partir de alguma vivência que você já teve: pense agora num momento em que você estava MUITO feliz, um momento que o marcou e que até hoje, depois de dias, meses ou anos, você não esqueceu. Pensou? Então misture agora com outros cinco momentos inesquecíveis da sua vida. Pronto?

Isso foi 30% do que vivi naquele beijo.

Aquela noite ficou na minha cabeça pra sempre. Nosso primeiro e mágico encontro, o primeiro de muitos. O encontro que me fez ficar pensando naquela mulher todos os dias dali em diante.

Eu, que me dizia o solteirão convicto, o cara que nunca iria se apaixonar de verdade, me vi perdidamente apaixonado. Me vi sentindo vontade de planejar um jantar romântico, de esperar chegar a hora de me encontrar com ela. Eu passava um tempo imaginando e planejando como seria o nosso encontro, o que eu iria fazer para agradá-la. Eu estava apaixonado, e isso era um fato. De repente, eu me vi curtindo os momentos que só importavam para nós dois: assistir a um filme e comer alguma coisa gostosa

e depois ficar de boa. Eu não precisava mostrar isso nas redes sociais, porque a Zoo me completava.

Sempre zoava meus amigos que iam morar junto com suas namoradas. Eu não entendia a necessidade de morar com alguém. Acho que tinha medo, sabe?

Pensava que tudo acabava, o amor, a paixão, o fogo, a intensidade... e morar junto somente acelerava isso tudo. Nos primeiros encontros só vemos as coisas boas e com a convivência começamos a ver os outros lados da pessoa, e isso me assustava muito.

Acho que me assustava porque eu não tinha me apaixonado verdadeiramente antes, não tinha encontrado alguém que me fizesse ver o mundo de forma única e que somasse à minha visão de vida uma visão somente nossa, de casal. Alguém que agregasse a cada instante da minha vida e rotina, alguém por quem eu daria tudo.

Esse alguém estava ali na minha frente, vivendo e me encontrando todos os dias. Por quase um ano, a gente se via de segunda a segunda. Ninguém postava nada, era só amor, muitos filmes, muita música, muita conversa e muita troca de experiências.

Acho que por isso foi um choque quando assumi publicamente o namoro. Ninguém entendeu nada. Por isso as redes nos enganam tanto. Tantos casais que acabaram de se conhecer fazem milhões de declarações por foto e textos e depois de alguns meses terminam. Acho que quando é realmente de verdade a gente não sente nem vontade de pegar no celular pra mostrar a alguém.

Não estou aqui julgando as pessoas que decidem expor os relacionamentos nas redes sociais assim que eles começam. Estou apenas contando o que naquele momento fazia sentido para nós dois. Nosso sentimento era tão intenso e tão verdadeiro, que não sobrava tempo para mostrar o que estávamos vivendo. Queríamos aproveitar ao máximo os momentos que tínhamos para ficar juntos porque o momento mais difícil do dia era a hora que tínhamos que dizer tchau um para o outro.

O que eu comecei a viver com a Zoo foi uma coisa que jamais imaginei viver, e por isso é tão especial para mim escrever sobre isso pra vocês, meus leitores. Eu a encontrei no momento em que eu tinha decidido me encontrar, e isso chegou a dar um nó na minha cabeça: como pode acontecer algo tão inesperado quando tudo o que eu queria era me encontrar? Eu tinha mesmo conseguido achar o amor da minha vida sem sequer ter me esforçado pra isso? Eu estava sonhando ou era tudo realidade?

Eu nunca tinha vivido algo parecido com aquilo e chegava a dar risada dos meus amigos quando me contavam coisas parecidas. Agora, eu vivia na pele o amor, e o mais engraçado disso foi que a minha história com a Zoo me fez voltar à internet, a ter ideias e a querer crescer mais e mais o meu potencial criativo. Se tinha dado início àquele ano achando que eu estava completo e que havia conquistado tudo o que um cara de 24 anos podia sonhar, ao conhecer a Zoo vi que podia e queria conquistar muito mais. E aqui não falo só de coisas materiais. A Zoo me fez descobrir que uma vida com amor e com coisas simples traz sentido e força pra crescer cada vez mais no trabalho.

Ficamos nos vendo sem ninguém saber. Somente alguns amigos próximos e minha mãe, a quem logo fiz questão

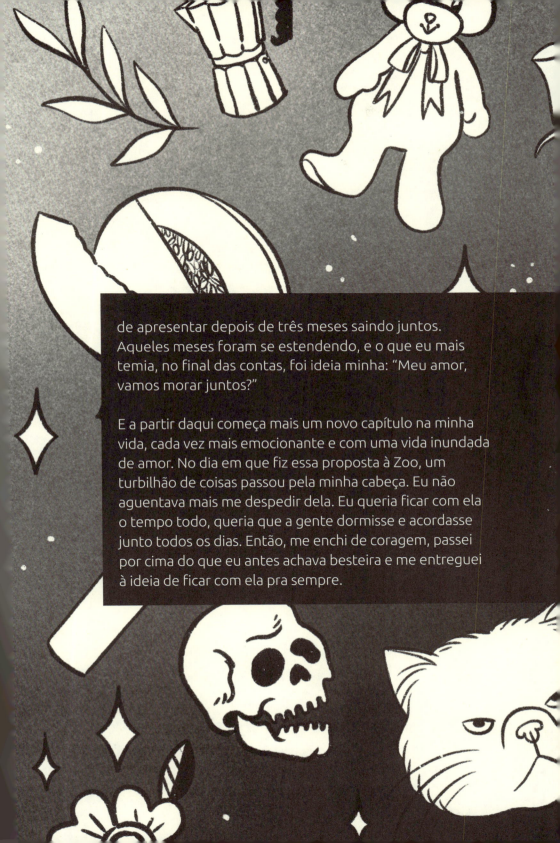

de apresentar depois de três meses saindo juntos. Aqueles meses foram se estendendo, e o que eu mais temia, no final das contas, foi ideia minha: "Meu amor, vamos morar juntos?"

E a partir daqui começa mais um novo capítulo na minha vida, cada vez mais emocionante e com uma vida inundada de amor. No dia em que fiz essa proposta à Zoo, um turbilhão de coisas passou pela minha cabeça. Eu não aguentava mais me despedir dela. Eu queria ficar com ela o tempo todo, queria que a gente dormisse e acordasse junto todos os dias. Então, me enchi de coragem, passei por cima do que eu antes achava besteira e me entreguei à ideia de ficar com ela pra sempre.

VAMOS MORAR JUNTOS? OPA, VOU SER PAI! 03

ESTA É A PARTE DO LIVRO EM QUE TUDO AQUILO QUE EU MAIS SUSPEITEI QUE JAMAIS VIVERIA NA MINHA VIDA COMEÇA A ACONTECER. MELHOR DIZENDO, NÃO É QUE EU NUNCA TENHA PENSADO EM CONSTRUIR UMA FAMÍLIA, MAS AQUELE PAPO COM O RICARDO E O FATO DE TER ME VISTO UM POUCO COMO ELE, POUCO ANTES DE CONHECER A ZOO, AINDA RONDAVAM A MINHA CABEÇA.

Algumas vezes, eu me beliscava para ver se era mesmo verdade tudo o que eu estava vivendo com ela. Aquilo era o que as pessoas tanto falavam sobre amor? Era sobre aquele sentimento que o Ricardo se referia quando dizia que ainda não tinha me visto falar sobre uma mulher? Por que eu não conseguia encontrar as palavras para falar sobre o que eu sentia pela Zoo?

Era amor. E ponto.

Pense: por acaso (ou por destino?) eu comecei a conversar com a Zoo, que por acaso (ou por destino?) reagiu a um story meu e, a partir disso, tudo mudou. Nossa vida nunca mais foi a mesma.

AMOR É QUANDO O ACASO VIRA DESTINO.

Eu estava embarcando num dos maiores clichês da vida adulta e estava loko de felicidade. Eu queria ficar 24 horas com a Zoo, tinha encontrado a mulher da minha vida, com quem eu poderia ficar horas e horas junto e ainda assim querer ficar mais e mais. Eu estava amando e muito, e não queria mesmo ficar sem ela.

Acho que aquela mulher que me mandou calar a boca e beijar a boca dela tinha virado a coisa mais importante da minha vida. E por isso chegou um momento em que eu não conseguia mais falar a palavra "tchau".

Não sei se você já sentiu isso com alguém, mas se despedir de quem a gente ama muito é tão doloroso. Chega a doer o coração, né?

Mesmo que por poucos dias longe, a despedida era a pior parte. Não pensei duas vezes. Eu queria estar ao lado dela 24 horas por dia, daquele estilo bem grudento, sabe?

Tudo bem que não seria bem assim, pois nós dois tínhamos uma vida muito corrida. Mas só de podermos chegar em casa no final do dia, dar um beijo de "oi" e contar, olho no olho, como tinha sido nosso dia, e não pela telinha do WhatsApp, isso não tinha preço.

Uma semana depois que dei a ideia, eu já estava me mudando pra casa da Zoo. Larguei minha casa de quatro andares e me enfiei no apartamento dela. Ela achou que levar as coisas dela pra minha casa seria mais trabalhoso, então logo falei: "Eu vou!".

Acho que ela nem botou fé, mas um dia depois dessa conversa eu já estava na casa dela, com mala, roupas essenciais, livros favoritos, kit de banheiro e muita cara de pau.

Levei até meu gato junto, o Vitão!

A felicidade no olhar dela de me ver ali na porta falando "Cheguei!" não teve preço. Ela já havia vivido com um ex-namorado por alguns anos e, sem entrar em detalhes, disse que saiu bem ferida daquela relação. Eu logo soltei um: "Eu vim pra ficar, e daqui só saímos pra um lugar maior só nosso!".

Logo entrei, me instalei, e naquele apartamento de 50 metros quadrados, vivemos os dias mais felizes de nossas vidas. É muito loko pensar nesse começo do nosso relacionamento. Quando conheci a Zoo, eu estava me sentindo, pessoalmente, na minha melhor fase. Eu realmente sabia quem eu era, sabia quem eram os meus amigos. E, mais do que isso, sabia o que realmente importava.

De repente, ter uma casa de quatro andares com carro importado na garagem não significava nada se eu não pudesse ter ao meu lado o meu amor. Sabe quando você se liga que as coisas mais importantes da vida não são coisas? A Zoo, o amor dela, e o meu amor por ela me fizeram perceber isso.

Por isso, se eu puder dar um conselho a quem está aí do outro lado lendo o que eu estou escrevendo agora é: permita-se amar e aproveite as coisas mais simples da vida, porque, mais uma vez repito, as coisas boas da vida não são coisas.

Quando me mudei pra casa dela, pro apê dela, eu tinha certeza do que estava fazendo. Eu precisava viver aquilo e estar com ela, construir uma relação verdadeira. Aquele Christian que começou o período de descanso pensando que havia conquistado tudo de repente se viu querendo conquistar mais, trabalhar mais e viver mais. Eu tinha um propósito muito maior agora, e esse propósito era o meu amor pela Zoo, pela família que nós estávamos começando a construir.

E, olha, eu não fazia ideia do que ainda estava por vir...

Tinha uma padaria na esquina onde tomávamos café todos os dias, colocávamos o papo em dia e dali cada um seguia para seu dia de compromissos. Aos fins de semana, ela tinha os shows dela pelo Brasil, e eu ficava com o Vitão vendo filmes, esperando-a voltar pra me contar como tinha sido sua experiência de cantar em outros estados.

Ela viajava com uma banda eletrônica muito famosa no Brasil e, às vezes, eles chegavam a fazer até cinco ou seis shows em um fim de semana. Aos domingos, ela voltava pra casa – pra nossa casa – moída. Eu sempre a esperava com um combinado de comida japonesa na cama e um filme de terror já selecionado pronto pra dar "play" na televisão. Era ela chegar, esticar a perna e a gente logo começava nosso programa predileto: muito filme e comida! Hehehe.

Os meses foram se passando e nosso relacionamento foi ficando cada vez mais sólido. Eu fui amadurecendo muitos pensamentos adolescentes e até mesmo infantis que tinha sobre "relacionamento". Percebi e vi que só me faltava alguém que realmente amasse de verdade pra me fazer mudar aquela antiga visão.

O Christian adolescente não sabia o que era um relacionamento de verdade. Sim, eu tinha namorado, inclusive, namorado por bastante tempo, mas tinha certas coisas que não saíam da minha cabeça. Uma vez, ouvi da minha mãe que a vida era feita de ciclos e que a cada cinco anos um ciclo se encerrava para que outro começasse. Até conhecer a Zoo, eu levava essa afirmação para a vida.

PARA AS COISAS MUDAREM, ALGUMA COISA TEM QUE TERMINAR.

Então, eu meio que entrava num relacionamento já pensando que de alguma forma as coisas caminhariam para um fim. Eu achava que tinha tudo na minha cabeça de como as coisas deveriam funcionar. Por exemplo, eu tinha definido como deveria ser um ano de namoro, como seria a minha intimidade com a minha namorada. Eu achava que sabia o momento certo em que as coisas começariam a esfriar e até entendia isso, achava normal. E aí, quando chegava num dado momento, eu terminava, porque acreditava que os ciclos tinham de se encerrar. No meu caso, os ciclos, diferentemente do que a minha mãe falava, duravam três anos e só.

É muito loko pensar assim, mas eu acreditava nisso e vivia assim, por isso nunca pensei que fosse encontrar uma pessoa com quem eu iria querer passar o resto da minha vida, construir sonhos, ter uma família. Na minha cabeça, esse futuro não fazia parte da minha história. Até que encontrei "A pessoa".

Sabe aquela pessoa com quem fazemos planos pro futuro mentalmente? Então, assim éramos nós, planejando e traçando todo um futuro juntos! Dentro desse futuro, apareciam muitos planos, sonhos, mas principalmente algo que sempre brincávamos: "Qual vai ser o nome da nossa filha?".

A gente ficava criando e brincando com nomes dos nossos filhos. Vocês que namoram também fazem isso com o namorado ou a namorada de vocês? Ficam brincando sobre filho, brincando sobre o nome deles ou como eles vão ser?

Bom, essa brincadeira ficou tão recorrente na nossa relação, que acho que jogamos essa energia pro cosmo.

O destino materializou tudo o que brincamos durante meses e transformou nossas vidas pra sempre. Vocês acreditam em destino?

Acreditando ou não, de tanto falarmos ou sonharmos com isso, a Zoo engravidou. E, sim, não pensávamos em ter um filho naquele momento, assim tão rápido, mas...

Acho que a introdução deste livro passou um pouco do que estou sentindo neste capitulo, né? Bom, se você já se esqueceu, eu contei na introdução deste livro que, assim que a Zoo me contou que estava grávida, ela caiu. Pois bem, eu soube que seria pai e, de repente, me vi correndo pro hospital com a Zoo. Imagine a tensão. Fui direto pro setor de raio-X com o coração a mil e a cabeça LOTADA de pensamentos malucos.

Mas vamos voltar para o momento em que essa notícia foi dada e como tudo aconteceu dali em diante em nossas vidas.

Estávamos vivendo dias de filme romântico americano, sabe?

Pensem no último filme de romance que vocês assistiram, pensaram?

É tudo tão gostoso, tão fluido e tão óbvio nos filmes americanos clichês de romance, né? E era exatamente isso que eu estava vivendo com a Zoo. Algo que não parecia real, algo tão clichê a ponto de parecer que era uma grande mentira. Eram manhãs, tardes e noites completamente inesquecíveis. E olha: se eu fosse o Christian Grey, e não o Figueiredo, eu continuaria contando pra vocês em detalhes, mas vamos prosseguir com o Figueiredo!

Bom, morando juntos e vivendo um filme de romance na vida real, só podia resultar em algo que vocês estavam esperando desde o primeiro capítulo deste livro, né? Pra você que engoliu o livro até aqui em um dia, eu te desafio a tirar uma foto desta página, postar no Instagram, me marcar e falar: **tô devorando seu livro novo! #VouSerPaiOLivro.**

Eu só consigo ler dois capítulos de qualquer livro por dia. Gosto de equilibrar minhas leituras, revistas e jornais, com séries de TV, principalmente neste período de quarentena. Nunca li tanto! Mas, enfim, vamos voltar ao fato de que a Zoo engravidou, e eu não estava sabendo de absolutamente NADA!

A Zoo tinha planejado me contar da forma mais linda do mundo que estava grávida, mas o plano dela foi por água abaixo. Quando ela estava organizando o apartamento, tropeçou e bateu o ombro no chão. O desespero dela pela possibilidade de perder o bebê era tão grande, que só soube falar: "HOSPITAL, AGORA".

Eu enrolei, fiz brincadeiras, tentei levantar o alto-astral do momento, mas vi que ela não se animava com nada. Estranhei bastante, porque ela sempre dava um sorriso, por menor que fosse, pra qualquer coisa. Ali tinha coisa!...

Ela já havia descoberto a gravidez uma semana antes e tinha contado somente pra mãe, que também guardou segredo de todo mundo. Zoo planejou me contar de um jeito superespecial e gravar tudo, porém o plano dela foi arruinado. Entramos no elevador; ela, assustada e pálida, e eu sem entender nada.

Estava chovendo, dia feio, parecendo filme de drama daqueles que a gente chora do começo ao fim, sabe? Sempre tem um personagem que tá meio pálido,

desnutrido e morre pra gente chorar horrores. Então!
Pensaram nisso? A Zoo estava exatamente igual ao
personagem que bate as botas. Eu sei que é horrível
falar isso, mas sempre que o clima fica tenso eu NÃO
CONSIGO não pensar em coisas horríveis. Chega a ser
até engraçado, porque às vezes nem é nada grave,
mas eu entro em desespero.

No elevador mesmo, com meu cérebro trabalhando no
220V, tentando entender o que estava acontecendo, a
Zoo me olha, no fundo do meu olho, e fala: "Chris! Chris!
Eu preciso te contar uma coisa...".

Na hora eu gelei, achei que ela iria terminar. Entre outras
mil e uma coisas que eu tinha achado antes. No "Preciso
te contar uma coisa" eu já pensei nela dizendo que iria
morar com o amante, do qual eu descobriria a existência
naquele instante. Imaginem só?

Mas quando ela abriu a boca pra falar, não foi nada do
que eu estava imaginando.

"Chris, eu tô grávida."

Eu congelei, meu rosto ficou
igual ao do filme de drama
que citei algumas linhas atrás,
minha perna se anestesiou e
logo abracei ela bem forte. Eu
queria ter um espelho pra ver
meu rosto naquele momento,

FOI DIRETO AO PONTO, CERTEIRO, "TÔ GRÁVIDA". FIM.

mas quem viu tudo no espelho do elevador foi ela,
que sempre me conta essa história rindo horrores.
Mas só sei que horrível foi sentir meu coração quase
explodindo, já que não parava de bater. Eu fiquei

acelerado, querendo gritar, querendo espalhar aquela energia dentro de mim pro mundo.

Foram 11 andares que mais pareceram 11 anos. Quando ela falou que tava grávida, enquanto eu a abraçava, outras milhões de coisas começaram a se passar na minha cabeça. Eu queria fazer perguntas, conversar com ela, entender tudo aquilo COM ELA, mas ali eu senti que aquele era um momento só meu, um momento que não podia ser compartilhado, narrado nem discutido, somente sentido.

Era uma informação que eu tinha que compreender sozinho. Com ela, minha vida mudaria pra sempre. Eu fico tentando entender pais que fogem dos filhos. Quando recebi a notícia da Zoo, eu só queria ficar perto dela e de tudo que começaria a acontecer dali em diante. Apesar do meu silêncio, da minha cara pálida e da reação que tive diante dela, de simplesmente abraçá-la, totalmente em silêncio, hoje me pergunto se essa era a reação que ela esperava. Será que ela ficou pensando ali, naquele momento, dentro do elevador, que eu odiei a notícia? Ou, pior, que eu não queria ter um filho e que iria me afastar deles? Tá vendo como eu só fico pensando o pior?

"Bom, se ela tivesse me contado na sala enquanto eu estivesse sentado talvez fosse melhor", pensei.

Mas, enfim, eu só assimilei aquela informação quando estava sentado no banco da sala de espera do raio-X. Ali sim, depois de uma hora, eu entendi o "Estou grávida", entendi que minha vida mudaria completamente e que era um fato irreversível que estava acontecendo. Não existia a opção "desengravidar". Eu tinha duas opções:

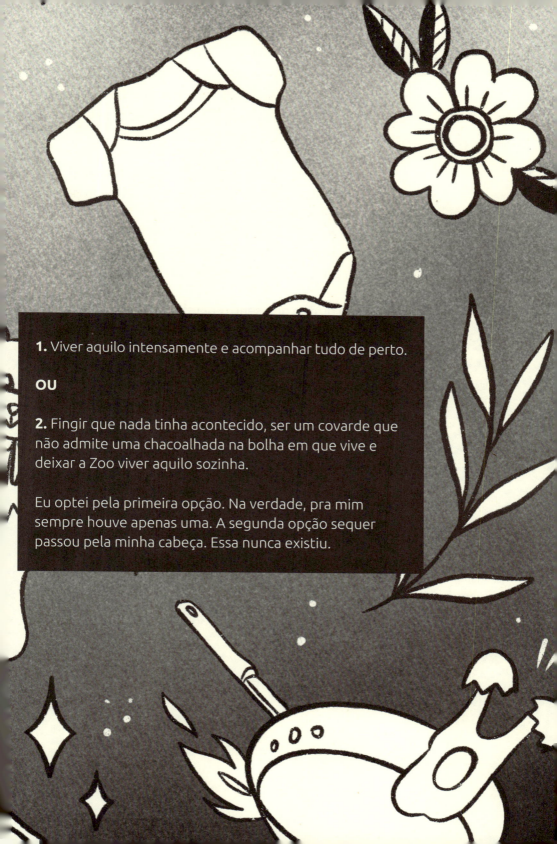

1. Viver aquilo intensamente e acompanhar tudo de perto.

OU

2. Fingir que nada tinha acontecido, ser um covarde que não admite uma chacoalhada na bolha em que vive e deixar a Zoo viver aquilo sozinha.

Eu optei pela primeira opção. Na verdade, pra mim sempre houve apenas uma. A segunda opção sequer passou pela minha cabeça. Essa nunca existiu.

Minha ansiedade naquele banco de hospital esperando a Zoo sair do raio-X estava me matando. Eu queria viver aquilo tudo, e tinha que ser agora.

Eu não sei se você, leitor, já viveu algo assim. Mas imagine a minha situação. Eu soube que seria pai dentro de um elevador, assim, no susto, e pra ajudar estava a caminho do hospital porque a futura mãe do meu futuro filho tinha caído e estava com muito medo de algo ruim ter acontecido.

Eu nem sei dizer o que senti. Era felicidade, medo e insegurança ao mesmo tempo. E se o pior acontecesse? E se a Zoo não ficasse bem? E se o nosso filho tivesse se machucado? Naquela sala de espera, a minha cabeça não parava de pensar as piores situações. Muitas vezes, acho que fico pensando o pior pra me proteger: é muito loko, mas acho que se a gente pensa no pior e acaba vindo uma notícia um pouco menos ruim do que a gente imaginou, acaba sendo mais fácil digerir e encarar o problema.

Sério. Eu acho que aquela espera foi a mais longa da minha vida.

E você, pare agora e vá tomar um copo d'água pra conseguir digerir comigo tudo o que está por vir. Já adianto que as melhores coisas — até aqui eu achava que tinha vivido tudo o que de melhor pode existir — ainda estão por vir.

PREPARADO?

ELA TÁ GRÁVIDA. VOU SER PAI! 04

VOCÊ RESPIROU? TOMOU UM CAFÉ E TIROU UM TEMPO PARA PENSAR NO FATO DE QUE NÃO EXISTE "DESENGRAVIDAR"?

Eu espero que sim, que você tenha feito exatamente isso, porque, apesar de não saber quem é você aí do outro lado, qual a sua história, gostaria que você sentisse o que eu senti quando ouvi, dentro de um elevador, as quatro palavras que mudaram a minha vida para sempre: "Chris, eu tô grávida". Eu não tinha como escapar mesmo, pois veja que uma das palavras é o meu nome.

É muito loko como as coisas acontecem e mudam a nossa vida para sempre. As horas (ou será que foram minutos?) que passei naquela sala de recepção do hospital esperando a Zoo sair da sala do raio-X quase me deixaram maluco, de tanto que pensei. A minha cabeça não parava. Eu estava ali na corda bamba, sabendo que seria pai, mas sem saber se realmente seria, já que a Zoo tinha caído e estávamos ali exatamente para saber se estava tudo bem com ela e com o bebê.

Será que esse medo que eu estava sentindo já era um sentimento de pai? Mas, pera, eu já era pai? Como assim, ela engravida e eu sou pai? Ainda não tinha barriga, mas ela não podia perder aquele bebê. Eu queria mais que tudo que ela saísse daquela sala feliz e com um sorriso gigante no rosto. Mas eu ainda estava perdido. Já tinha virado pai?

Na minha cabeça, eu ainda continuava preso no elevador, pálido e em choque com a notícia. Para ajudar, o tempo em São Paulo estava bem ruim, só chovia; o dia parecia noite, e hospital é aquele lugar que só me traz lembranças tristes. Minha avó não me saía da cabeça, eu queria que ela estivesse aqui ainda para poder contar para ela que eu seria pai. Imagina a minha vó sendo bisavó do meu filho?

O dia parecia mesmo tirado de uma cena de filme de suspense, ficção científica e terror, e, ao mesmo tempo, misturado com uma comédia romântica, daquelas bem melosas e com música fofinha, do casal que se ama, luta para ficar junto e no fim alguma coisa acontece para atrapalhar – mas não atrapalha de verdade, e eles de fato ficam juntos.

A Zoo tinha que sair logo daquela sala ou eu iria pirar. Minha avó não saía dos meus pensamentos, eu queria muito que ela conhecesse meu filho (ou filha). Será que eles seriam amigos como a gente foi? Será que ela iria gostar de brincar com ele e o levaria para fazer as maiores loucuras? Ah, seria tão bom se eu pudesse contar pra ela.

E a Zoo ainda naquela sala. Eu estava a ponto de entrar lá para falar com o médico, entender o que estava acontecendo. Cara, eu iria ser pai. E estava tudo tão confuso, será que a Zoo estava triste comigo? Será que ela achava que eu não queria ser pai? Será que ela entendeu a minha cara no elevador? Nossa, eu não posso ter passado a impressão de que não gostei da notícia. O que eu iria fazer para mudar a minha cara de filme de suspense? Como eu iria conseguir ouvir o que ela falava? Eu iria ser pai. Será que tava mesmo tudo bem? E se ela se machucou feio? E o nosso bebê? Será que isso iria causar algum dano pra ele crescer bem e com saúde até nascer? Nossa, quanto tempo falta para ele nascer? Será que vai ser filho ou filha? Será que ele nasce ainda este ano? De quanto tempo será que ela tá grávida?

Será que é normal alguém descobrir que vai ser pai e ficar se fazendo esse monte de perguntas?

Eu continuei ali, andando de um lado pro outro, tomei uns 25 cafés, sentei, levantei, roí as unhas, li as revistas que estavam organizadas ao lado do sofá, escrevi essas notas no meu celular, fiz tudo isso de novo. E nada de ela sair da sala de raio-X. Juro, eu devia parecer que estava prestes a explodir ou a desmaiar. Tanto é que chamei a atenção de uma enfermeira que estava de passagem.

Ela veio até mim, querendo saber se estava tudo bem, se eu precisava de ajuda:

— Tá tudo bem com você? — ela me perguntou.

— Tá. Comigo tá, sim. Eu não sei se a minha mulher está bem e se meu filho tá vivo, e eles não saem da sala de raio-X.

— Calma, você precisa se acalmar. Eu tenho certeza de que eles estão bem e logo saem de lá. Notícia ruim chega rápido, você já ouviu isso?

— ...

Eu não consegui responder. Fiquei em silêncio olhando pra ela. Sério que ela tinha me falado aquilo? Como assim, notícia ruim chega rápido? Será que ela sabia de alguma coisa e não tinha me contado? O que eu iria fazer? Será que ela sabia de algo eu que não sabia? Pera, será que a Zoo tinha perdido o bebê? Como assim? Notícia ruim chega rápido? Ela não podia ter falado aquilo? Ela estava cogitando a possibilidade de o meu filho não nascer?

Não podia mais pensar naquilo.

Muitas vezes, as pessoas não imaginam o impacto que as coisas que elas falam pode causar na nossa vida. Aquela enfermeira

PIMENTA NOS OLHOS DOS OUTROS É REFRESCO.

entrou naquela sala sem pedir licença – Ok, ela trabalha ali – e me pediu para ficar calmo, que tudo iria ficar bem e, pior, que as notícias ruins chegam rápido.

Definitivamente, me pedir para ficar calmo naquela sala de espera era o pior conselho que eu podia ouvir, e acho até que me deixou mais nervoso e com vontade de entrar na sala de raio-X e tirar a Zoo de lá, abraçá-la e dizer que iria ficar tudo bem. Nossa, mas aí eu iria fazer o mesmo que a enfermeira fez comigo. Falar que iria ficar tudo bem pra Zoo era uma boa ideia? Será que isso era uma atitude de pai? E se não ficasse tudo bem? Mas eu prometi que iria ficar tudo bem? E se eles estivessem sofrendo lá dentro?

Minha cabeça estava explodindo.

Até que finalmente a Zoo saiu daquela sala. A espera acabou. Quando ela saiu, eu estava sentado no sofá, de cabeça baixa, pensando na vida e tentando segurar as minhas emoções, os meus pensamentos. Ou seja, eu estava tentando me controlar e encontrar a calma. Quando ela me chamou, eu ainda demorei um pouquinho para olhar pra ela, eu estava com medo. Queria ouvir uma notícia feliz, mas lembra que eu estava vivendo um dia típico de filme de suspense?

Demorei. Ela me chamou de novo e veio até mim. Olhei pra ela e encontrei o maior sorriso no mundo e um brilho no olhar que dispensaram todas as palavras. Nos abraçamos e então ela me disse:

– Tá tudo bem com a gente. Tô grávida ainda.

Meu Deus, ela fez isso de novo. Falou essas palavras com a maior naturalidade do mundo. E ufa, eles estavam bem!

Mas eu ainda estava em choque. Quem me conhece sabe que eu odeio surpresa, e a Zoo sabia disso e não parava de fazer surpresas naquele dia. Mas também, o que eu queria? Ela estava grávida, eu precisava saber e no dia que ela resolveu me contar, tropeçou e caiu. De algum jeito, ela tinha que me falar e precisou ser daquele jeito. Eu, definitivamente, precisava me acostumar com a ideia e mudar aquela minha cara ou ela iria começar a achar que eu não tinha gostado da notícia.

Então, eu a abracei de volta e lhe dei um beijo. O amor da minha vida estava esperando um filho meu, era a maior felicidade que eu podia ter na vida. Eu tinha que me acostumar com essa ideia para poder aproveitar da melhor forma possível todos os momentos a partir daquele dia.

Mas como fazer isso?

Primeiro, precisávamos sair dali o mais rápido possível.

Fomos embora. E surpresa! O dia seguia escuro, com chuva, paradão, bem a cara de filme dramático argentino – bem, pelo menos dos que eu tinha visto. E tenho uma certa tendência de continuar melancólico, respeitando a cena do filme que eu tinha idealizado na cabeça. Com isso, seguia tentando digerir aquela informação de que seria pai; ou melhor, de que eu tinha me tornado pai.

Eu estava com medo, essa era a verdade. Medo de tudo o que estava por vir e mais medo ainda de a Zoo ficar pensando que eu não estava feliz com a notícia. Mas eu não consegui mudar a minha cara enquanto ficamos dentro do táxi, essa é a verdade. E se eu não fosse um bom pai? E se eu não conseguisse proporcionar as melhores coisas para o meu filho? E se ele não gostasse de mim? E se eu decepcionasse a Zoo? E se eles decidissem me deixar porque eu não era bom? E meus pais, como eles iriam receber aquela notícia? E a minha irmã, será que ela iria gostar da ideia de ser tia? Cara, e os meus amigos, será que eles iriam achar que eu tinha ficado loko de vez? Minha cabeça não parava.

Quando chegamos em casa, a primeira coisa que fiz depois de ter certeza de que estava tudo bem com a Zoo e com o bebê foi tomar um banho bem demorado para esfriar a cabeça e organizar meus pensamentos. Eu tinha que sair daquela cena de filme de terror e tinha que ser naquele banho, ou eu corria o risco de magoar a pessoa que eu mais amava.

Aquele banho foi a melhor coisa que eu fiz por mim depois que soube que virei pai naquele dia. Deixei toda a cena de terror escorrer ralo abaixo e saí renovado. Muitas vezes, tudo de que precisamos é de um pouco de tempo para entender o que está acontecendo ao nosso redor. E naquele momento eu entendi, a Zoo, a mulher que eu escolhi para viver o resto dos meus dias, estava esperando um filho meu. Aquela notícia foi a coisa mais maravilhosa do mundo, embora, como eu já disse no início deste livro, parte de mim ainda estivesse em conflito para tentar entender e mudar a chave da vida de solteiro para a vida de alguém que tem um filho.

Durante o banho, me veio na cabeça uma frase que minha mãe sempre diz: "Na vida, tudo acontece por um motivo".

Eu iria ser pai; estava me acostumando com tudo aquilo ainda, mas quando me lembrei da minha mãe, fiquei mais calmo e entendi que aquele filho só tinha acontecido porque tinha que acontecer, era a hora certa. O que eu aprendi com isso? Bom, você vai ver um pouco neste livro, mas também vai ver que eu ainda tenho muito a aprender sobre a vida, principalmente sobre o que é ser pai.

SE SENTIR MEDO, VAI COM MEDO MESMO.

Obviamente, eu continuava com medo e um zilhão de dúvidas ainda rondavam a minha cabeça, mas não era justo com a Zoo eu continuar assustado e em silêncio. Eu tinha que compartilhar com ela tudo o que estava sentindo e, mais do que isso, tinha que apoiá-la e estar ao seu lado, garantindo que ela ficaria em segurança e bem. O filho é nosso e eu não podia fugir dessa responsabilidade. Acho que eu já tava me tornando pai...

Sentir medo é a coisa mais normal do mundo. E, quando você se torna pai — já comecei a dar conselhos de tiozão —, o medo é o sentimento que vai rondar sua vida até o resto dos seus dias. Você vai ter medo de tudo, de coisas que nem imaginava que existiam. Mas não pode deixar esse sentimento dominar a sua cabeça, ou então vai deixar de viver as melhores coisas da vida. Por isso, tem que seguir em frente, com medo mesmo.

Saí do banho e fui imediatamente abraçar a Zoo e, claro, me desculpar pela minha reação meio filme de terror com aquela notícia. Ela riu de mim e disse que jamais vai esquecer da cara que viu refletida no espelho daquele elevador. Ficou tudo bem a partir daquele momento. Ela estava esperando um filho meu e eu queria contar para todo mundo que seria pai.

Ela já tinha contado pra mãe dela, então a minha conversa com a minha sogra foi um pouco mais fácil. Ela estava radiante, não esperava que a Zoo um dia viesse a ser mãe, e aquela foi a notícia mais maravilhosa do mundo pra ela. Pra vocês terem ideia, quando soube que seria avó, um pouco antes de mim, ela saiu para comprar todas as coisas para o bebê e, como acreditava que seria avó de menina, encheu o carrinho de compras de vestidos, lacinhos, enfim, coisas que ela imaginava ver na sua neta, embora a gente tenha conversado muito tanto com a minha mãe quanto com a mãe da Zoo que esse negócio de cor definir gênero já está mais ultrapassado que a internet discada. Ou seja, encher o futuro armário daquele bebê de lacinhos, vestidos e roupas rosas, pra gente, foi só uma demonstração de afeto, de amor e de carinho e, claro, muita conversa para esclarecer que a ideia de rosa ser coisa de menina e azul ser coisa de menino não tem nada a ver com o que eu e a Zoo escolhemos para o nosso bebê. Tá aí uma coisa que o Chris pai começava a aprender: conversar e pontuar os nossos desejos como futuros pais é o nosso dever, principalmente quando acontecem coisas que não se comunicam com as nossas opções.

Tanto eu quanto a Zoo sabíamos que aquela busca por coisas *de menina* era o modo das avós de demonstrar amor e desejo por uma neta, e foi o nosso papel pontuar que o nosso bebê podia vestir o que ele bem entendesse, num mundo livre e sem preconceitos.

Vocês já devem imaginar a surpresa que ela teve, né? Mas vamos falar sobre essa história mais pra frente.

Faltava agora contar para meus pais, para nossos amigos e para o restante da família. Eu quis contar pra todo mundo naquele dia mesmo. Queria compartilhar aquela notícia com as pessoas que eu amava para que elas pudessem viver aquele momento comigo e, assim, me acostumar ainda mais com a ideia. Então, eu tinha urgência, e decidi ligar pra minha mãe, pro meu pai e mandar mensagem pros meus amigos.

UMA ANDORINHA SOZINHA NÃO FAZ VERÃO.

Quando a gente tem pessoas ao nosso lado, tudo parece fluir de uma maneira mais leve e a vida com certeza ganha mais sentido. Por isso, eu queria que todos vivessem comigo o começo da melhor história da minha vida.

Comecei as ligações. Primeiro para a minha mãe. Eu estava um pouco ansioso para falar com ela, queria saber o que ela iria achar dessa notícia, como iria receber a ideia de ser avó e, claro, se me apoiaria. Bom, liguei pra ela. E, não é segredo pra ninguém, eu tenho uma relação muito boa com a minha mãe, somos amigos e, naturalmente, a reação dela foi um pouco parecida com a minha. Ela ficou um pouco em choque; não sabia como reagir ao telefone e demonstrou preocupação. Ela queria se certificar de que tudo ficaria bem.

É muito loka a relação dos filhos homens com as mães. Eu nunca tinha pensado sobre isso até saber que seria pai. A minha mãe sempre cuidou de mim e da minha irmã de maneira igual, mas sempre foi mais amiga minha, fazendo tudo do jeito que me agradava e que me fazia feliz e, ao mesmo tempo, sempre teve ciúme, um cuidado para que eu visse as coisas como elas deviam ser, que eu fosse um ser humano melhor. E, então, ela demorou um pouco mais para entender a novidade. Eu iria ser pai e, para ela, isso, além de ser uma novidade, iria levar tempo até que tivesse certeza de que eu estava feliz e pronto para assumir as responsabilidades. Então, me disse ao ouvir a notícia:

– Nossa, filho, que surpresa! Você está feliz? Como vai ser agora?

Não era exatamente o que eu esperava ouvir dela e, **69**
claro, eu estava feliz, mas não fazia ideia de como as
coisas seriam dali pra frente, então me limitei a dizer
que estava feliz e aguardei até que ela digerisse melhor
a notícia. Depois, foi tudo festa.

Com o meu pai foi diferente. Só faltou ele soltar fogos de
artifício pelo telefone. Ele ficou numa felicidade tão grande,
que contagiava até a pessoa mais infeliz do mundo. E aí que
ficou mais claro pra mim como as relações são diferentes
mesmo. O meu pai me via como companheiro, "brother".
Quando contei da gravidez da Zoo, foi muito diferente a
reação dele em comparação à reação da minha irmã e da
minha mãe. Enquanto meu pai ficou feliz de cara e a minha
irmã começou a se preparar para ser tia, fazendo planos e
tudo o mais, minha mãe ficou mais na defensiva, mais na
linha preocupada do que festejando o momento. Depois,
claro, tudo isso passou, e ela amou a ideia de ser avó.

Mãe tem mais ciúme do filho homem e pai tem ciúme
da filha mulher, não tem jeito! Bom, gente, essa é uma
opinião muito pessoal, tá? Não é um padrão, mas se
vocês repararem bem, é QUASE UM PADRÃO! (risos)

Minha irmã amou a notícia e, como a minha sogra, desde
que soube da notícia, começou a comprar presentes pro
sobrinho ou sobrinha; afinal, ela queria ser a tia preferida.
Entre os meus amigos, como sempre, reações diferentes
pipocaram. Os amigos do colégio se espantaram, porque,
mais uma vez, me viram vivendo as coisas muito mais
rápido que eles – enquanto ainda estavam terminando
a faculdade, eu já estava me tornando pai e começando
uma nova etapa da vida com minha família. Já os amigos
da internet acharam o máximo e começaram a ver um
bebê do Christian on-line.

SEM NEM TER NASCIDO, O MEU FILHO OU FILHA JÁ COMEÇAVA A ME ENSINAR MUITO MAIS SOBRE A VIDA DO QUE EU MESMO PODIA IMAGINAR.

Nesse dia, ficou marcado para mim como as pessoas são diferentes e, por isso, reagem de maneira diferente a uma mesma notícia. Isso não significa que elas nos amem mais ou menos. São apenas diferentes, com histórias diferentes, por isso reagem cada uma a sua maneira.

Ah, eu não posso deixar de contar aqui a reação do Ricardo. Eu, que me imaginava aos 18 anos me tornando um cara como ele, solteiro, responsável por trazer alegria aos encontros, me via agora, aos 24, com a mulher que amava, me tornando pai. Quando contei, ele ficou superfeliz com a notícia e desejou que eu vivesse os dias mais felizes da vida com a minha família.

É. Tá vendo, as pessoas são mesmo uma caixinha de surpresas. Essa jamais seria uma frase que eu esperaria ouvir do Ricardo. Ele, que sempre fazia piada com tudo, dessa vez não. Será que ser pai significava acabar com as brincadeiras? Será que o Ricardo nunca mais iria fazer piadas comigo? Será que eu não iria poder fazer piada com o meu filho? Será que teria de mudar a minha personalidade?

É. Como você vê, as perguntas nunca mais saíram da minha cabeça. Desde aquela notícia recebida no elevador, nunca mais parei de me questionar e de querer entender o futuro, ou melhor, querer prever o futuro. E, mal sabia eu, o melhor ainda estava por vir.

Vamos tomar mais um café? Os próximos capítulos são tão engraçados quanto interessantes e, caso você não tenha se tornado pai ainda, é bom se preparar, pois você nem imagina o que o mundo da gestação reserva pra gente.

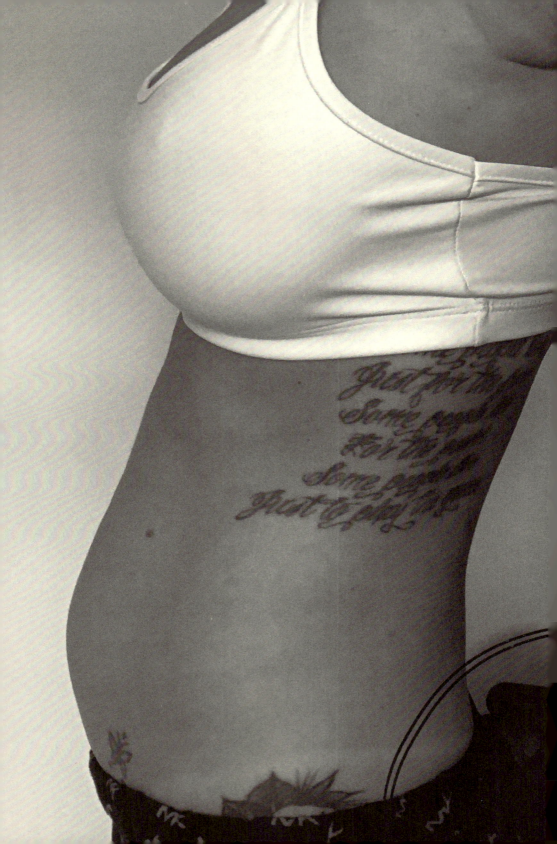

CABEÇA DE ALFINETE 05

NO MOMENTO EM QUE EU DECIDI QUE ESQUECERIA A CENA DE TERROR QUE VIVI NO ELEVADOR, POSSO DIZER QUE ME ABRI PARA O UNIVERSO DA PATERNIDADE. EU QUERIA DESCOBRIR A MAIOR QUANTIDADE DE COISAS QUE PUDESSE PARA IR AOS POUCOS ME ACOSTUMANDO COM A IDEIA DE SER PAI.

Todo mundo fala que o homem só vira pai quando o filho nasce e que ao longo da gestação é muito difícil se acostumar com a ideia e, mais do que isso, sentir-se parte daquilo. É a mulher que carrega o bebê por nove meses, é a mulher que vê seu corpo se transformando, é a mulher que perde o sono, é a mulher que dá à luz; enfim, é a mulher que vive intensamente a maternidade desde o dia em que descobre que está grávida. E eu respeito e admiro isso, mas queria de algum modo me sentir parte de todo o processo até o nascimento do nosso bebê.

E se tem um sentimento que passa a reinar na vida das pessoas que descobrem que vão ter um filho, esse sentimento é a ansiedade. Você fica ansioso por tudo, porque quer que as coisas corram bem e, claro, porque não se aguenta de curiosidade até ver a carinha do seu filho. Então, eu me via cheio de ansiedade, querendo saber se iria dar conta de pagar todas as contas do meu filho, se ele iria nascer com saúde, se a Zoo estava bem, se eu seria um bom pai, se nós iríamos conseguir arrumar tudo até a chegada do bebê.

Não há como fugir da ansiedade. Assim como não há como fugir do medo, da angústia, da sensação de espera que não acaba. E tudo isso vem acompanhado de muito, muito amor. De repente você se vê fazendo planos com alguém que ainda nem nasceu, e isso só pode ser amor.

A espera de um filho é algo que demanda paciência, calma, contar até três para entender a ansiedade e que, em alguns momentos, nem todos os pais (sobretudo os de primeira viagem) conseguem dar conta de tudo isso sozinhos. E, como dizem por aí, meu amigo, o mundo é dos espertos. Sabendo disso, o mercado decidiu dar uma mãozinha às famílias.

Quem já teve ou tem filhos sabe do que eu estou falando. Existe um universo completo e gigante de coisas voltadas à maternidade – vou falar maternidade aqui porque é muito mais voltado à mulher do que aos homens, o que não impede você, homem, de ir atrás daquilo que lhe interessa para saber mais sobre a chegada do seu filho, ok?

Você, que atua no mercado de consumo e investimentos, esteja atento. Já pensou que os pais também podem ter interesse em saber mais sobre a gestação do bebê e querer consumir o conteúdo feito exclusivamente para mulheres? Talvez oferecer mais produtos ao público masculino poderia ser uma alternativa para acabar com essa história de que o homem só vira pai depois que o filho nasce, não acha?

Discussões e ideias à parte, depois daquele dia eu decidi me tornar o verdadeiro companheiro da Zoo e acompanhar de perto todas as fases da gestação. Eu tinha de viver a paternidade de algum modo enquanto ela passava por todas as mudanças da gestação.

E fizemos isso. E afirmo com todas as letras: foi a melhor decisão que tomamos. Eu participei de tudo com a Zoo, e acredito que tenha passado alguma segurança pra ela; para mim, foi essencial poder viver aquilo.
Então, seja bem-vindo ao mundo dos aplicativos de gestação. Se você não sabe o que é, o nome entrega.
É isso mesmo o que você tá pensando. Existem diversos aplicativos voltados exclusivamente às fases da gestação. O objetivo é passar informações sobre o bebê, como, por exemplo, dizer qual o tamanho dele em cada período

gestacional. Eu, particularmente, gostei dessa tecnologia porque tudo era novidade para mim. Muitas vezes, as informações que os médicos nos passavam nos deixavam mais perdidos do que esclarecidos.

O engraçado é que para conseguir te situar e te fazer entender de maneira clara o que está acontecendo com seu bebê, os aplicativos o comparam com objetos que usamos no dia a dia, e por isso, a partir de agora, os capítulos deste livro passarão a ter os nomes desses objetos. Prepare-se e use a hashtag #VouSerPaiOLivro para compartilhar nas redes sociais essas informações para aquele seu amigo que vai ser pai e ainda não foi abduzido pelo universo dos aplicativos.

A PRESSA É INIMIGA DA PERFEIÇÃO.

A Zoo não tinha barriga – é óbvio, né, Chris, a pessoa te conta que está grávida num dia e no outro você já quer que ela tenha barriga? –, e, por isso, eu demorei a entender que dentro dela vivia um ser humaninho que iria mudar toda a nossa vida. Eu achava que tinha que ter barriga pra acreditar que eu iria ser pai. Na verdade, eu queria que ela tivesse barriga logo pra gente poder mostrar pra todo mundo que seríamos pais.

Mas como diz o velho ditado, a pressa é inimiga da perfeição. Tive de aprender a esperar e a entender que os nove meses de gestação eram necessários para que o nosso filho viesse ao mundo com saúde. Claro que eu não descobri isso sozinho nem foi de uma hora pra outra; por isso, o aplicativo de gestação me ajudou muito nesse sentido.

E veja bem como foi a primeira mensagem que recebemos do app:

Era o início do início do início. Aqui, o bebê estava com três semanas de vida, ou seja, tinha acabado de ser gerado. Ainda estava se formando e iria começar a se dividir para seguir seu caminho das trompas para o útero. Ele tinha três semanas de vida e apenas 0,15 mm de comprimento: uma cabeça de alfinete.

NESTA FASE, SEU BEBÊ ESTÁ DO TAMANHO DE UMA CABEÇA DE ALFINETE.

Imagine como é receber uma mensagem dessa? Você está lá, vivendo a sua vida, conversando com as pessoas sobre seu filho, trabalhando, pensando no futuro do seu filho, fazendo mil e um planos para ele; enfim, levando uma vida normal para quem descobriu que tem um filho a caminho e, de repente, chega no seu celular que seu filho, naquele exato momento, tem o tamanho da cabeça de um alfinete. A cabeça de um alfinete, com apenas 0,15 mm de comprimento!

Como você reagiria? Sério, tenta se colocar no meu lugar e imagine o que é receber a notícia de que seu filho tem o exato tamanho da cabeça de um alfinete. Você já viu um alfinete? Se não, eu recomendo que procure um agora para entender o meu drama. A cabeça de um alfinete é minúscula, gente. É bem menor que a tampinha de uma caneta BIC®, e olha que a tampinha da caneta Bic é mini.

Já pegou o alfinete? Viu o meu drama, né? Pega uma caneta e veja as sensações que passaram pela minha cabeça. Mesmo se você não for pai ainda dá pra imaginar o que eu senti; então, tenta se colocar no meu lugar e compartilha comigo usando a hashtag #VouSerPaiOLivro.

a) Meu Deus, meu filho vai se perder na barriga da minha mulher. ( )
b) Meu filho praticamente é invisível a olho nu. ( )
c) Qual alfinete exatamente? ( )
d) É possível ter um tamanho desse? ( )
e) Será que ele já tem olho, boca? ( )
f) É mesmo verdade? ( )
g) Todas as anteriores. ( )

Eu não sei você, mas eu assinalei todas as anteriores com um X gigantesco, e escolheria essa opção mil vezes se fosse possível. Meu filho tinha o tamanho de um alfinete e eu ainda não tinha conseguido me organizar a fim de oferecer o melhor para ele. Isso me deixou mais calmo. Era sinal de que eu teria mais tempo para arrumar tudo por aqui do lado de fora até que, pelo menos, ele tivesse um tamanho que pudesse ser visto por todos nós.

Eu disse no início do livro que tinha decidido viver um ano off-line e aproveitar mais a vida fora das redes sociais a fim de me conectar com aquilo que fazia sentido para mim. E vou continuar repetindo que essa foi a melhor decisão da minha vida, mas quando soube que seria pai, mil coisas começaram a tomar conta da minha cabeça, e uma delas, é claro, não podia deixar de ser a questão financeira: eu tinha que proporcionar o melhor para a Zoo e para o meu filho desde o início da gravidez.

Eu precisava, então, retomar a minha vida profissional e voltar de vez e com força total à internet. O meu trabalho era estar on-line e, com a responsabilidade de educar um filho, eu tinha de me dedicar para conquistar muito mais do que já havia conquistado. Mais uma vez a vida me mostrando que as coisas realmente mudam. No início do ano off-line eu achava que, aos 24 anos,

havia conquistado tudo o que desejava. Antes mesmo de
esse ano acabar, já pensava diferente e tinha percebido
que ainda havia um longo caminho a ser percorrido. E
não estou falando apenas de retorno financeiro, que é
importante, sim, mas agora eu tinha de trabalhar e ser
bom no que fazia para ser exemplo para o meu filho.

E foi o que fiz. Arregacei as mangas e voltei a me dedicar
ao trabalho. Revi pontos que antes julgava necessários.
Eu tinha pessoas que cuidavam de todo o trabalho
burocrático que se refere à internet, edição de vídeos,
envio de respostas de e-mails comerciais e relacionamento
com a imprensa. Enfim, antes de decidir tirar o meu
off-line, eu tinha até uma pessoa que cuidava do meu
estilo. Eu, Christian Figueiredo, tinha uma *personal stylist*
– eu só precisava aprovar tudo. Na minha retomada, essa
estrutura não funcionava mais, e fiz muitas mudanças.
Muitas delas, como dispensar as pessoas que cuidavam
do meu trabalho, não foram fáceis. Se eu iria retornar
ao trabalho, eu tinha de retornar por completo,
reconectado com aquele Christian que começou tudo
sozinho. Também vendi a casa que morava e o carro
importado. Os valores realmente mudavam a cada dia,
e eu estava muito bem com isso.

Voltando ao alfinete, ou melhor, ao meu filho cabeça de
alfinete, eu fiquei aliviado quando soube que ele ainda
era tão pequenininho, já que isso me dava a sensação
de mais tempo para conseguir ajeitar tudo até sua
chegada. Eu estava aliviado e, ao mesmo tempo, queria
entender como ele poderia ser um alfinete e se isso era
bom ou se era ruim.

Para fazer sentido para mim, eu tinha que conectar o
cabeça de alfinete – até que fofo esse apelido, né? – com

alguma coisa da minha realidade, da minha história. Bom, acho que eu e a Zoo nunca compramos alfinetes e itens de costura, então, definitivamente, não faz parte do nosso dia a dia. Eu teria de buscar alguma coisa na minha memória que me fizesse entender o que era aquele serzinho.

ALFINETE.
ALFINETE.
ALFINETE.
ALFINETE.
ALFINETE.
ALFINETE.

Repeti essa palavra em *looping* na minha cabeça por dias seguidos. Quem próximo de mim podia comprar alfinetes?

E como num estalo da memória, depois de repetir pela milionésima vez a palavra alfinete, me lembrei da minha avó. Ela sempre tinha alfinete em casa, e não só tinha, como usava, já que costurava e consertava nossas roupas. Respirei mais tranquilo nesse momento. Se um alfinete me remetia à minha avó, meu filho só poderia estar vivendo os melhores momentos da vida dele. Será que ele tinha consciência disso? Os bebês têm noção do que vivemos aqui do lado de fora?

Eu vivi alguns dos melhores momentos da minha vida ao lado da minha avó. E me diverti demais ao seu lado. Com ela era risada na certa, e quem viu meu filme sabe muito bem do que eu tô falando.

Engraçado que a Zoo ainda nem tinha barriga, e o meu filho já estava me levando às melhores lembranças da minha vida, da minha infância. É verdade, sim, que enquanto eu estava naquela recepção aguardando a Zoo sair do raio-X, fiquei apavorado e triste porque me lembrava da minha avó no hospital, mas agora que tudo estava bem, eu podia me tranquilizar (e rir) com todas as farras que a minha avó e eu aprontamos.

Nem preciso dizer que a minha avó amava os alfinetes não só porque eles a orientavam na hora de costurar alguma coisa, mas também porque ela não perdia a oportunidade de nos espetar com um deles.

Era risada na certa.

Eu sabia que meu filho estava bem, queria vê-lo e me divertir com ele, mas já tinha entendido que iria ter que esperar. Agora estava mesmo ansioso para saber qual seria o próximo passo de crescimento desse ser humano.

Tente adivinhar o tamanho do meu bebê na próxima fase. Se aqui estava do tamanho de um alfinete, ele vai aparecer um pouco maior, mas não muito – essa é a minha dica.

AZEITONA VERDE 06

EU TINHA ENCONTRADO A FELICIDADE NA CABEÇA DE UM ALFINETE. JÁ TINHA ATÉ ME ACOSTUMADO A CHAMAR O MEU FILHO DE CABECINHA DE ALFINETE E ME DIVERTIA COM ISSO, AINDA MAIS PORQUE REVIVI MUITAS HISTÓRIAS COM A MINHA AVÓ DURANTE ESSES DIAS EM QUE ELE SÓ TEVE 0,15 MM DE TAMANHO.

Porém, quando o assunto é gravidez, as coisas evoluem muito rápido, e embora a Zoo ainda não tivesse barriga, o aplicativo não tardou em nos informar as mudanças na evolução do nosso bebê. Eu confesso que, apesar de estar gostando de ter o meu alfinetinho, estava ansioso para o próximo salto de desenvolvimento dele.

Ah, tem isso também. Quando você descobre que vai ser pai e começa a se interessar pelo assunto, começa a aprender um monte de palavras novas, e "salto de desenvolvimento" se refere às etapas de evolução da vida de alguém. No caso dos bebês, ainda dentro da barriga da mãe, os saltos se referem às mudanças de tamanho e, consequentemente, ao aparecimento de cada parte essencial do corpo.

Ainda era cedo para descobrir o sexo do bebê, e por isso éramos obrigados a chamá-lo só de bebê. A minha sogra, no entanto, não parava de acreditar que seríamos pais de menina. Por isso, a cada vez que saía de casa voltava com alguma coisa para vestir a neta ou brincar com ela. A gente acabou entrando um pouco na onda dela e também nos divertíamos imaginando como seria a nossa menininha. A Zoo passou a ter certeza absoluta de que estávamos à espera de uma menina. Ela dizia que tinha certeza. E eu, claro, também entrei na onda e me acostumei com a ideia de ser pai de menina. Já tínhamos pensado em tudo nesse ponto – e o bebê era só um alfinete, lembra? –, e até nome já tinha, Eva. Nossa filha seria Eva e tava tudo definido para quando ela chegasse. No nosso sonho, sim, mas tava.

A verdade é que precisávamos imaginar algumas coisas – e ter certeza de outras – para conseguirmos controlar um pouco nossa ansiedade. A cada exame que a Zoo fazia, nossas perguntas à obstetra sempre eram:

1. Tá tudo bem com o bebê?
2. Já dá pra ver o sexo?

E durante um tempo só ouvíamos "Tá tudo bem, sim, mas ainda falta um tempinho para conseguirmos ver o sexo do bebê". Teríamos mesmo que esperar. E você não imagina o quanto é difícil essa espera. Por sorte, quase sempre que estávamos aflitos por alguma nova descoberta o aplicativo apitava com uma mensagem para trazer alguma novidade. E dessa vez veio como um relâmpago na minha vida.

Isso quer dizer que tínhamos chegado à 10ª semana de vida do nosso bebê e que ele tinha cerca de 3 cm. Crescia forte, com saúde, e não parava de se mexer e de chutar dentro da barriga da mãe, que ainda não sentia nada.

NESTA FASE, SEU BEBÊ ESTÁ DO TAMANHO DE UMA AZEITONA VERDE.

Quem antes tinha 0,15 mm e passa a ter 3 cm já pode se sentir entre os maiores do mundo, não é mesmo? Praticamente um jogador de basquete. De repente, o nosso bebê podia ser visto a olho nu, e não só isso; segundo o aplicativo, ele já era fortinho e se mexia sem parar. Mas não saía da minha cabeça o fato de ele ser uma azeitona verde.

Precisava ser justo uma azeitona?

Na vida, nem sempre teremos tudo de que gostamos.

A comparação com uma azeitona me deixou um pouco sem saber o que fazer, pois a verdade é que sou do time dos que não gostam de azeitona de jeito nenhum. Todo mundo concorda que a azeitona é daquelas coisas que ou as pessoas amam ou odeiam. E eu odeio azeitonas verdes, pretas, azuis, amarelas. Odeio mesmo. Acho que estraga a comida.

E agora o meu filho era comparado com uma coisa que eu odiava. E eu não podia, de jeito nenhum, ter um sentimento ruim por ele. Meu primeiro desejo depois disso foi retornar à estaca zero e ficar vivendo a fase da cabeça de alfinete, que me lembrava a minha avó e só me trazia boas lembranças. Mas como eu já disse que não existe a opção "desengravidar", preciso te contar que também não existe a opção voltar no tempo quando o assunto é gestação.

Tudo aconteceu muito rápido, e num piscar de olhos meu alfinetinho tão amado tinha se tornado uma coisa que eu odiava. A única coisa que eu sabia é que não queria continuar com esse sentimento ruim com relação ao meu filho. Aliás, será que eu corria o risco de ele me odiar? Existe a possibilidade de um filho nascer odiando o pai? Como iria ser? A Zoo gosta de azeitonas, então ela comemorou desde o primeiro segundo o nosso azeitoninha, imaginando como ele seria, vendo graça por ele ser verde. O que isso significava?

Eu tinha que sair dessa e me acostumar com a ideia de conviver com uma azeitona e, mais do que isso, aprender a gostar dela. Como eu iria fazer isso, eu não sei, mas tinha que mudar essa minha relação com a azeitona se não quisesse manter um climão entre mim e o meu filho. O que eu sabia é que, mais uma vez, com tão pouco tempo de vida, o meu filho me ensinava que nem sempre teremos as coisas do modo como gostaríamos que elas fossem. Cara, ele era uma azeitona, e eu odiava odiar azeitonas naquele momento. Se você estivesse no meu lugar, o que faria:

a) Iria tentar desver a mensagem do aplicativo. ( )
b) Iria substituir a azeitona por uma bolinha de gude, por exemplo. ( )
c) Iria viver sem falar sobre isso até que ele mudasse de fase. ( )
d) Iria aprender a gostar de azeitona. ( )

Não sei qual opção você escolheria e, para falar a verdade, ainda hoje eu iria ficar sem saber direito o que fazer se ouvisse essa notícia mais uma vez, mas, sim, assinalaria a opção "d" pelo meu filho. No entanto, preciso avisar, não basta decidir gostar de alguma coisa para realmente se gostar dela. Eu decidi aceitar a azeitona e, com isso, abri espaço para que bons sentimentos relacionados a ela começassem a aparecer.

Muitas vezes, precisamos só mudar nosso foco, nosso modo de olhar as coisas para que as peças se encaixem e comecem a fazer sentido. No momento em que eu comecei a observar com amor a azeitona que estava dentro da barriga da Zoo, as coisas mudaram, e a minha cabeça voltou aos melhores domingos em família que vivi ao longo de toda a minha infância.

Sabe aquela sensação que vira e mexe aparece na nossa cabeça quando lembramos de situações que não viveremos de novo? Nesse momento eu me sentia assim. Se tem uma coisa certa da minha infância, é que eu fui feliz; e, ao contrário do que as pessoas dizem, eu sabia disso, sim. Os domingos faziam parte desse combo de felicidade.

NÃO HÁ BEM QUE SEMPRE DURE. NÃO HÁ MAL QUE NUNCA ACABE.

Todo domingo, minha família se reunia na casa do meu tio e lá passávamos o dia todo.

Almoçávamos e depois passávamos a tarde na piscina e jogando videogame. Enfim, toda a minha família ia pra lá, meus primos, minha mãe, minha avó, meus tios e, algumas vezes, o Ricardo aparecia para alegrar a turma. Uma pena que, atualmente, com todo mundo adulto, esses encontros tenham se tornado mais raros, o que confirma que não há bem que sempre dure, não é mesmo?

E se o que é bom não dura pra sempre, a regra vale para o que é ruim também, por isso eu iria superar a minha história com as azeitonas. Esses domingos começavam na hora do almoço e se estendiam até a noite. Para quem é de São Paulo, se tem uma coisa que tem de ser feita todo domingo é comer pizza. E eu não conheço ninguém que não goste de pizza e, para mim, é uma das melhores comidas do mundo. Mas o que sempre tem em pizzas? Isso mesmo, azeitona.

Bom, na casa do meu tio, quando chegava o fim da tarde, todo mundo se reunia para ver jogo. Hoje me lembro de que ele gostava mesmo era de assistir ao jogo com todo mundo reunido, e não importava quem jogava, a gente parava para ver o que iria rolar. E, claro, quando coincidia de os times serem de torcedores adversários, a coisa ficava ainda mais divertida.

Eu nunca perdia a pizza na casa do meu tio, mas sempre tirava a azeitona de cima dela, e isso nunca me fez mal. Tudo bem, às vezes, depararmos com coisas de que não gostamos se soubermos separá-las daquilo de que gostamos. Era o que agora eu precisava entender. Quando compreendi isso, aproveitei ainda mais essa fase do meu filho, que tinha a forma de uma azeitona; afinal, ele teria uma vida inteirinha pela frente e, com certeza, iríamos discordar de muitas coisas, mas isso não significava que ele não iria gostar de mim ou que eu não iria gostar dele por termos opiniões diferentes.

Entender que as coisas nem sempre são como imaginamos é difícil, mas ajuda a compreender melhor o que está por vir. Era isso que eu tinha que demonstrar pra Zoo como pai do seu filho e, futuramente, pro meu próprio filho. Amar é também aprender a entender que as pessoas, os gostos e as opiniões podem ser diferentes.

Bom, eu fui entender tudo isso quando já estávamos quase mudando de fase e, então, já estava ansioso com o que estava por vir. Será que essa espera e essa ansiedade iriam conviver comigo pra sempre? Não sei dizer, mas eu só queria que essa fase me remetesse de cara a algo bom. Será que aconteceu?

ISQUEIRO 07

DA AZEITONA VERDE PULAMOS PARA O ISQUEIRO. MAS ANTES DE ENTRAR NESSA FASE, EU QUERIA FALAR UM POUCO MAIS SOBRE O MOMENTO "ESTAMOS ESPERANDO UM FILHO", QUE PASSA A FAZER PARTE DA SUA VIDA E TAMBÉM DA VIDA DAS PESSOAS QUE ESTÃO AO SEU REDOR. COMO EU JÁ CONTEI, QUANDO DEI A NOTÍCIA ÀS PESSOAS MAIS PRÓXIMAS, ELAS TIVERAM AS MAIS VARIADAS REAÇÕES.

Teve gente que ficou preocupada, teve gente que saiu montando o enxoval do nosso filho ou filha, comprando roupas para um bom tempo da sua vida, teve gente que festejou desde o primeiro minuto, teve gente que achou que eu tava indo rápido demais, teve gente que ficou, simplesmente, sem reação.

Com o passar do tempo, todo mundo se acostumou com a ideia. Até a minha mãe, que foi uma das pessoas que mais se preocuparam no início, deixou as preocupações que tinha com relação a mim de lado. Mas o "fato de se acostumar com a ideia" é algo muito amplo, e nesse movimento também começam a aparecer outros comportamentos.

Eu e a Zoo curtíamos o momento, entrando de cabeça nesse mundo novo, tentando descobrir o que é ser pai e mãe. Mas será que todos os casais fazem isso? Será que todos os pais e mães de primeira viagem começam a procurar respostas para os mais inimagináveis problemas que podem vir a acontecer com os filhos? Bom, a Zoo e eu viramos esse casal. Nós queríamos fazer tudo o que fosse melhor para nosso bebê e, por isso, acreditávamos que quanto mais informações buscássemos, mais estaríamos prontos para quando surgisse algum imprevisto.

E as outras pessoas?

DE MÉDICO E LOUCO, TODO MUNDO TEM UM POUCO.

Bom, posso dizer que a vida delas também ficou mais movimentada com a chegada de um novo integrante à família. Esse bebê seria o primeiro neto, o primeiro sobrinho, o primeiro filho, o primeiro tudo. E, como diz o velho ditado, o filho mais velho acaba passando por tudo pela primeira vez:

a) Pais de primeira viagem.
b) Avós de primeira viagem, que esperam ansiosos pela chegada dos netos desde que os filhos começam a mostrar certa maturidade.
c) Tios de primeira viagem, que enxergam no sobrinho a chance de mimar e curtir uma criança sem precisar trocar fraldas.
d) Amigos de primeira viagem, que se entusiasmam com a chegada de uma criança para alegrar a vida dos pais.

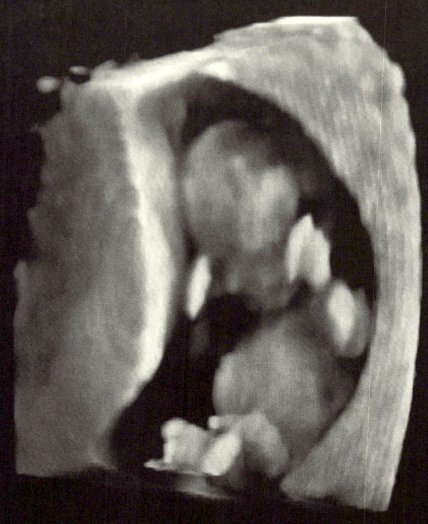

É muita primeira viagem pra muita gente. E haja coração para aguentar tanta emoção. E enquanto tudo isso tá acontecendo, os pais têm de aprender a conviver com as mais inusitadas espécies de conselhos, opiniões, dicas, explicações, desejos e sonhos. No fundo, a gente sabe que tudo não passa do mais puro amor e vontade de fazer o bem, mas é difícil equilibrar o amor e a paciência na mesma balança.

Como lidar com tantos "médicos" e especialistas em bebês ao mesmo tempo? Porque, com a melhor das intenções, é isso que as pessoas acabam parecendo: médicos capazes de explicar as suas escolhas, de decidir por você pelo bem do seu filho, de dar opiniões sem você ter pedido.

É normal, eu acho, mas é difícil entender. E, pessoal que está lendo este livro, não me levem a mal, eu amo todos você e sei que tudo o que vivemos foi só uma demonstração de amor, mas, muitas vezes, tive de me equilibrar entre manter a razão e explodir. Afinal, de médico e de louco todo mundo tem um pouco, e, nessa situação, eu estava mais pra louco que pra médico.

Agora vamos voltar ao isqueiro. Meu desejo de encontrar uma referência que me remetesse a algo bom não foi atendido dessa vez. Meu filho tinha evoluído de uma azeitona verde para um isqueiro. No dia em que soube que ele era um isqueiro, juro, respirei fundo e me perguntei se era mesmo necessário passar por tantas provações ainda no início da gravidez. Precisava?

NESTA FASE, SEU BEBÊ ESTÁ DO TAMANHO DE UM ISQUEIRO.

Chegamos ao 3º mês de gestação. Com cerca de 42 a 61 mm, os órgãos genitais já estavam quase completamente formados, o que significava que em pouquíssimo tempo já seria possível saber o sexo. Era ainda bem pequenininho e pesava só 14 g. Um isqueiro bem pequeno, eu diria, né?

Mas se você leu com atenção o parágrafo anterior, viu que o tão esperado momento de saber o sexo do bebê estava bem perto de chegar. Finalmente, teríamos a certeza de que uma menininha estava pra chegar. Sim, eu também já tinha me convencido de que seria pai de menina e já me imaginava seu melhor amigo, já me via como o super-herói e primeiro amor da vida minha filha.

Nós não aguentávamos mais de ansiedade. Assim que soubemos que já era possível saber o sexo do bebê se fizéssemos o exame de sexagem fetal, não tivemos dúvidas. Decidimos descobrir se nosso bebê, que tinha entre 8 e 9 semanas, era menino ou menina. Já era hora de ter certeza se o nome daquele ser humaninho seria mesmo Eva.

O resultado vocês já sabem qual é, não é mesmo? Gael está aí lindão pra contar que é do sexo masculino. Agora, vocês são capazes de imaginar o tamanho da surpresa que foi essa descoberta? Eu havia me acostumado com a ideia de ser pai de menina. Minha sogra, por exemplo, tinha quase tudo montado para a bebê, que não iria precisar de mais nada até pelo menos um ano de vida. Já minha mãe comprava coisas que servissem para ambos os sexos.

Foi uma mudança total. Minha sogra teve de correr para trocar tudo o que tinha comprado, minha mãe passou a escolher de fato as coisas que queria para o neto e a Zoo e eu tivemos de nos acostumar com a ideia e começar a pensar no nome do nosso filho. Nesse dia, eu me vi feliz e surpreso ao mesmo tempo. E não posso deixar de mencionar que toda aquela minha ideia de que seria o melhor amigo da minha filha, de que seria um super-herói pra ela, tava me garantindo certa segurança de que eu seria amado. Isso porque a velha história de que os pais são mais amigos das filhas mulheres não me saía da cabeça.

Será que meu filho iria gostar de mim? Será que ele só iria querer ser amigo da mãe? Será que ele iria gostar de passar um tempo só comigo? Será que ele iria gostar do meu trabalho? Mais uma vez, eu me vi dominado por um monte de perguntas para as quais não tinha respostas naquele momento. O jeito era então continuar vivendo e torcendo para que ele fosse o meu melhor amigo, já que eu seguiria fazendo de tudo para ser um bom pai.

E o isqueiro? Vamos falar sobre ele. O que você faria:

a) Isqueiro me lembra cigarro, e isso me lembra fumaça, cheiro ruim. ( )
b) Isqueiro é um objeto estranho, que é usado principalmente para algo que faz muito mal à saúde. ( )
c) Isqueiro não pode ser associado à criança, esse aplicativo tem que encontrar uma definição melhor. ( )
d) Como conseguir associar isqueiro a uma coisa boa? ( )

Assim como nos meses anteriores, quando chegava a notificação do aplicativo, eu começava a relacionar o tamanho do meu bebê com alguma coisa que eu tinha vivido. Eu acreditava que assim conseguiria me tornar pai aos poucos e, ao mesmo tempo, estaria ao lado da Zoo, compartilhando todos os momentos da gestação.
Mas isqueiro me deixou um pouco paralisado. Mais até que azeitona verde, porque azeitona tá na pizza, e todo

mundo gosta de pizza. Já fumar não é a mesma história. **97**
Por um momento, eu só conseguia lembrar que já teve um
tempo em que era permitido fumar dentro de ambientes
fechados e, mais do que isso, dividir o mesmo espaço com
as pessoas que não fumavam. Não importava se havia
gente que não gostava, se tinha criança perto, era tudo
liberado e a roupa vivia cheirando a cigarro. Hoje, pelo
menos, em São Paulo, as coisas mudaram e já não é mais
permitido fumar em locais fechados. Ainda bem, não é?

Era muito loko entrar no restaurante, por exemplo, e
ver que tinha gente fumando e nem uma janela estava
aberta. O cheiro das comidas meio que ficava misturado
com o do cigarro. Estranho, mas isso me lembrou as pizzas
com o Ricardo. Ele fumava, e por causa disso nós sempre
ficávamos na ala dos fumantes, o que na prática significava
sentar em uma das mesas que, além dos pratos, copos e
talheres, contava com a presença ilustre de um cinzeiro.

Pronto. Eu já tinha encontrado a minha boa lembrança
relacionada ao isqueiro. O Ricardo sempre foi um cara
legal, que sempre vai ter a minha admiração. Então me
fez bem voltar no tempo e me reencontrar com esses
momentos em que falávamos sobre tudo e ele me dava
os melhores conselhos.

Muitas vezes eu me via na figura do Ricardo. Ele é um
cara maravilhoso, bem humorado, que sempre traz
alegria aos lugares que frequenta. Antes de conhecer
a Zoo, eu me preparava para ser um cara como ele.

Será que o Gael encontraria algum amigo assim um dia?
Ou melhor, será que eu teria algum amigo que também
se tornaria amigo do Gael a ponto de dar conselhos a
ele? Quando me lembrei dessas pizzas, senti saudade

e desejei que ao menos um amigo meu se torne para o Gael um pouco do que o Ricardo representa para mim.

Eu já começava a entender que ser pai é aprender a lidar com aspectos negativos e, a partir deles, procurar algo que seja positivo e nos ensine alguma coisa boa. Será que eu seria um bom pai? Será que saberia mostrar o melhor caminho para o Gael?

As dúvidas nunca saíam da minha cabeça, e agora que já sabíamos o nome do nosso filho, comecei a ficar mais ansioso ainda. Parece que quando já sabemos quem é a pessoa, o nome que ela vai ter, as coisas começam a fazer mais sentido. Ele já não era mais "o bebê" ou "o nosso filho", agora ele era o Gael, e isso fazia toda a diferença. Como será que ele seria? Será que iria ser mais parecido comigo ou teria a cara da Zoo? Eu iria preferir que ele se parecesse mais com a Zoo, porque ela é linda demais.

Ao mesmo tempo que o isqueiro me fazia lembrar o Ricardo e os restaurantes com ala de fumantes, eu também me lembrei de um professor de matemática. Claro, ele fumava. Nunca fumou em sala de aula, mas cigarro é aquele tipo de coisa que você não consegue disfarçar: ou você fuma ou não fuma, o cheiro não se esconde. Esse professor fumava e tomava muito café. Você já sentiu o cheiro de café com cigarro? Não? Eu vou dizer o que é, é algo bem único e fica um bafo bem nojento, bem café e cinzeiro, não sei se expliquei direito, só sei que tudo o que eu fazia era fugir desse professor, porque eu não conseguia me concentrar quando ele falava, por causa do cheiro. Acho que é por isso que não gosto de matemática até hoje e acho que é por isso que não sou o Einstein. O que será que o Gael vai ser quando crescer?

Ainda teria muito tempo pela frente, e o aplicativo que me ajudasse a segurar a ansiedade.

Sugiro que você faça uma pausa agora. Pegue um café e respire, porque a próxima história é engraçada, um pouco nojenta, mas cheia de saudade. Você vai precisar ter fôlego pra lê-la.

SABONETE 08

EU AVISEI QUE ESTE CAPÍTULO ERA UM POUCO NOJENTO E, AO MESMO TEMPO, ENGRAÇADO, NÃO AVISEI? AVISEI. ESPERO QUE VOCÊ TENHA SE PREPARADO PARA A LEITURA.

Já havia passado um bom tempo desde que a Zoo tinha me contado que estava grávida e que tínhamos ido ao hospital. Eu já quase nem me lembrava daquela cena de terror que tomou conta da minha cabeça no momento mais especial da minha vida. E eu já me sentia bem mais acostumado com essa novidade na minha vida.

Comecei a acreditar que a máxima de que um homem só se torna pai quando o filho nasce não era tão verdade assim. Bom, pelo menos para mim, não tem sido verdade. Talvez seja porque eu decidi acompanhar a gravidez da Zoo de perto – quando digo de perto, eu quero dizer de perto mesmo – e ser o companheiro que ela esperava que eu fosse. Não deixei de comparecer a nenhum exame, fui com ela a todas as consultas, participei da escolha da decoração do quarto e me entusiasmei a cada mudança de fase do desenvolvimento do nosso Gael.

Para mim, essa decisão de estar presente nesse momento da nossa vida fez toda a diferença e me fortaleceu dia a dia. Eu sentia medo? Eu me apavorava? Ficava planejando mil e uma coisas para conseguir dar conta de proporcionar o melhor para o meu filho para o resto da vida dele? Ficava, sim. Mas também me sentia feliz e tranquilo por fazer parte de tudo aquilo.

Então, se eu puder deixar aqui um conselho de quem já viveu a gestação e agora vive intensamente a paternidade, é: participe, esteja presente e acompanhe a gestação do seu filho de maneira atuante. Isso, com certeza, faz toda a diferença na vida do casal e, claro, na vida do seu filho. Ele é seu filho, e filho é pra sempre.

CUIDA QUE O FILHO É TEU.

É muito bom descobrir que você vai ser pai, mas é melhor ainda sentir-se parte de tudo

o que acontece desde o momento em que você está
aguardando a chegada do seu filho. Eu me sentia assim
e, embora tivesse que me equilibrar entre aquilo em
que a Zoo e eu acreditávamos, definíamos e ouvíamos
dos médicos com a opinião da família e dos amigos, vivi
os melhores dias da minha vida, cuidando do filho que
estava para chegar.

O tempo, realmente, passa muito rápido. Quando
descobrimos que estávamos esperando o Gael chegar,
parece que as coisas começaram a se acelerar ainda
mais. Para começar, foi a maior correria para que minha
sogra e minha mãe conseguissem trocar tudo o que elas
acreditavam que não ficaria bom para o Gael. A Zoo e eu
começamos a correr para definir o que queríamos para
o quarto do Gael e dar conta de providenciar tudo para
a chegada dele.

Nesse momento, eu já estava completamente de
volta ao trabalho. Aquele ano sabático off-line que
me proporcionou as melhores coisas da vida havia,
de fato, ficado no passado. E de uma coisa eu sabia:
eu tinha voltado diferente, mais maduro, mais
seguro e muito mais tranquilo com relação aos
meus objetivos. Eu tinha muito mais a conquistar,
e era isso o que eu iria fazer.

A barriga da Zoo também começava a dar os seus sinais,
e aí, meu amigo, as coisas ficam ainda mais mágicas.
Sem a barriga aparecer, a sensação que eu tinha era a
de que estava vivendo um sonho bom, reconhecendo
a possibilidade de ser pai um dia. Até que a barriga
apareceu, e eu realmente me senti pai. Era tudo
verdade. Estava cada vez mais próximo o momento
de eu ver a carinha do meu filho.

Até aqui nada nojento e engraçado, você deve estar pensando, não é?

Eu estou mesmo te enrolando para chegar no momento em que você vai querer sair correndo e só voltar depois que tiver aceitado que a vida é mesmo bem diferente dos filtros do Instagram.

Você ainda se lembra do aplicativo de gravidez que vinha nos acompanhando ao longo de todos os dias da gravidez da Zoo? Tudo começou com ele.

Numa bela manhã, quando estávamos em casa, vivendo nossa vidinha, tomando nosso café, conversávamos sobre como seria aquele dia. Listamos nossos compromissos e anotamos o que ainda precisávamos ver para o Gael. Enfim, aquela coisa que acontece toda manhã na casa de todo mundo antes de sair para o trabalho.

Eu estava quase de saída quando a Zoo me chamou:

— Amor, volta aqui. Você precisa ver isso!

Se você já ouviu um chamado desse tipo sabe que não importa o tamanho da pressa, o quanto está atrasado ou se alguém está te esperando. Você tem que atender, você não pode deixar para depois. Então, eu fiz o que devia ser feito e dei meia-volta para dentro de casa. Não iria me aguentar de curiosidade.

Cheguei com aquela cara de interrogação misturada com pressa e um pouco de preocupação: o que será que ela queria que eu visse que não dava para me mandar uma mensagem, um áudio?

Era o tal do aplicativo. **105**

Tinha chegado mensagem. Bem naquele momento o Gael tinha mudado de fase, amadurecido, crescido. Eu realmente não podia deixar para depois. Confesso que, dessa vez, eu estava com um pouco de medo do que viria. Eu estava um pouco cansado de ter que lidar com as coisas de que eu não gosto e ter de procurar algo bom nelas. Será que dessa vez eu teria uma alegria logo de cara?

A Zoo estava com aquela cara de emoção que só mãe sabe fazer. Ela se mexia, colocava a mão na barriga, olhava pro celular, estava inquieta. Parece que para ela também alguma coisa diferente soou quando viu a mensagem do aplicativo.

Tive de cortar aquela cena maravilhosa e perguntar:

– O que é? Com o que o Gael se parece desta vez?

Ela riu e respondeu na lata:

– COM UM SABONETE!

Eu olhei, olhei bem pra ela, pra barriga dela, pro celular na mão dela, e não consegui mudar a cara de interrogação. Corri pro banheiro. Como assim um sabonete? Qual sabonete? Tem alguma coisa aí explicando melhor? Ela me passou o celular, rindo.

Chegamos ao 4º mês de gestação, o bebê tinha de 90 a 103mm de comprimento e pesava cerca de 50 g. Já dava pra ver um bebezinho se formando, apesar de a pele

NESTA FASE, SEU BEBÊ SE PARECE COM UM SABONETE.

ainda estar bem fina, com os vasos sanguíneos todos aparecendo. Ele já tinha sobrancelhas mais definidas, os braços e as mãos apareciam melhor e as pernas eram enormes em comparação com o resto do corpo.

Ele era um sabonete mesmo. Eu queria ver o Gael, pegar pra saber se ele era mesmo o sabonete que eu estava imaginando. Fiquei chocado querendo uma resposta. Mas foi a primeira vez em quatro meses que eu fui levado a uma lembrança maravilhosa, nojenta e engraçada: Gael sabonete me levou à minha avó. E eu estava feliz com isso.

Mas o que a sua avó tem a ver com sabonete, Chris?

Minha avó era a pessoa mais engraçada que eu já conheci na vida, e acho que nem preciso ficar repetindo isso aqui. Ela me fazia rir em todas as situações e, claro, também me dava uns puxões de orelha de vez em quando. Eu passava muito tempo com ela porque com ela conseguia ser eu mesmo, me divertir e ainda aprender muita coisa. Então, eu estava sempre no Guarujá, na casa dela, quando ela ainda estava viva.

O que isso tem a ver com sabonete?

Na casa da minha avó só tinha sabonete líquido. Ela morria de nojo de sabonete. Era um nojo real e ela não tinha a menor vergonha de falar por que tinha nojo. Você está preparado para saber por quê? Vou contar como se eu tivesse na casa dela, passando algum dia de férias, com algum amigo, tá? Só pra você ver que quando eu falo que ela não tinha vergonha, ela não tinha mesmo.

– Vó, cadê o sabonete? Daqui a pouco o Rafa vai tomar
banho e eu não estou achando...

Ela apareceu no canto da porta com cara de quem sabia
o que eu queria ouvir.

– Nesta casa não tem sabonete, tem que usar o
líquido que já tá no banheiro. Não sou obrigada a
ficar mostrando meus pelos pra quem vem aqui e
muito menos ter que ficar vendo os pelos das pessoas
grudados no meu sabonete.

– Que nojo, vó!

– Nojo é pelo grudado no sabonete! Vai tomar banho
com sabonete líquido.

– Você é loka, vó!

Na vida, às vezes, a gente tem que ser bem loko.

Eu morria de rir quando ouvia essa história, mas nunca
tinha parado pra pensar nela até que o Gael foi se
parecer com um sabonete. Que sabonete ele era? Será
que estava cheio de pelo? Ou será que era do tamanho
de um pote de sabonete líquido? Eu não queria ter nojo
do Gael, mas será que ele era um sabonete limpinho?
Como ele era?

Fiquei ainda mais ansioso para ver o Gael. O que será
que a minha avó iria achar do bebê que se parece
com um sabonete? Será que ela iria ter nojo dele e
ficaria fazendo piada de que ele era uma bola de pelo
grudada num sabonete? Será que ela iria inventar
algum apelido pra ele?

NA VIDA, ÀS VEZES, A GENTE TEM QUE SER BEM LOKO.

Essa história realmente me colocou pra pensar. Meu filho lembrava um sabonete e pesava só 50 g. Ele era mesmo um sabonete desses de barra e corria o risco, sim, de ser meio nojentinho. Eu ri com isso, mas também ri quando me dei conta de que na minha casa tem sabonete, e não é nojento. Eu e a Zoo dividimos o sabonete assim como dividimos a vida, e, muitas vezes, coisas nojentas aparecem no nosso caminho.

Dividir a vida com alguém é mesmo muito loko, vó. Queria que você me ouvisse falando isso. E eu amo dividir o sabonete, a casa, a comida, as alegrias, as tristezas, os planos e as frustrações com a Zoo, mesmo que isso, algumas vezes, fique um pouco nojento. E acho que o Gael veio para mostrar que podemos ser ainda melhores, mais fortes e completos.

O que eu vivia talvez fosse a maior loucura da minha vida, e tava muito loko poder descobrir devagar quem era o Gael. Estava feliz com o sabonete, mas o que viria agora?

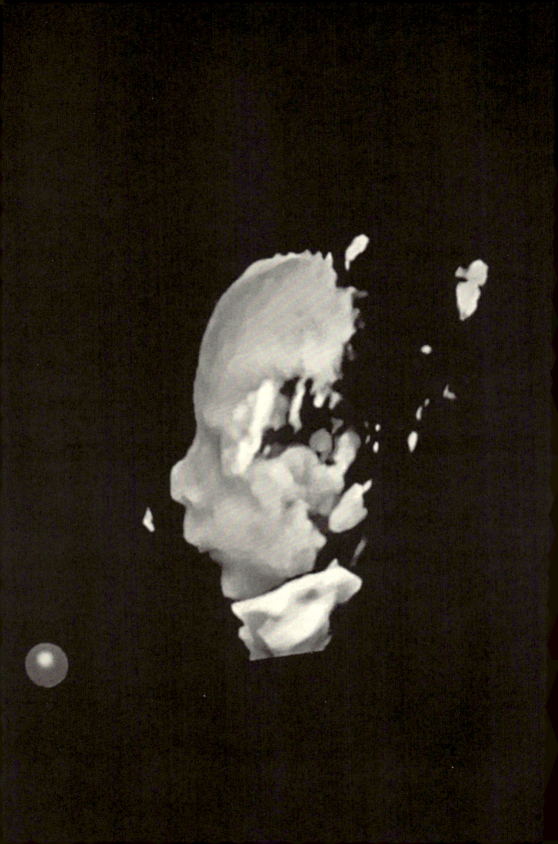

CELULAR 09

DESDE QUE EU DESCOBRI QUE O GAEL POR UM PERÍODO ESTEVE DO TAMANHO DE UM SABONETE, MUITA COISA COMEÇOU A VOLTAR À MINHA MEMÓRIA.

O relacionamento que eu tinha com minha avó era realmente muito bom. Ela era minha amiga e eu me divertia muito com ela. E talvez, como contei no filme, deva a ela e aos meus pais, que sempre me apoiaram, o fato de não ter desistido da internet. Sabe aquela história de que ninguém acredita em você, mas as pessoas que realmente te amam continuam te apoiando? Essa é a minha história com eles e com tudo o que tenho vivido desde então.

Mas não foi só isso que eu pensei quando me lembrei da minha avó. Naquele momento, ficou muito claro para mim que eu nunca mais seria só Christian. Sempre haveria mais alguém comigo, eu não estaria só e, por conta disso, passaria a ter algumas responsabilidades. Eu estava começando a formar uma família, e isso não é uma brincadeira. Não dava pra desviver o que acontecia com a minha família, com o meu filho e com a Zoo.

E aí, quase que num passe de mágica, minha cabeça quis voltar para a cena de terror que eu vivi no dia em que soube que a Zoo estava grávida. É muito loko como as nossas emoções mudam diariamente. Eu estava muito tranquilo, tudo ia bem e as coisas estavam cada vez melhores com o Gael e com a Zoo. Mas e o futuro?

Quando passei a ter noção de que em casa dividíamos o sabonete – desfaçam a imagem nojenta que isso pode trazer – e que na nossa dinâmica tudo fluía bem, construindo dia a dia um lar, com aquilo que importava pra gente, eu comecei a pensar no nosso futuro. Como estaríamos dali em diante? Como seria a nossa vida quando o Gael nascesse? Será que eu seria um bom pai? Será que a Zoo iria me admirar? Será que o Gael iria me respeitar e, ao mesmo tempo, gostar de mim? Será que ele iria nascer com a saúde 100%? Será que a nossa vida funcionaria?

Você consegue ouvir a trilha sonora que rondava meus pensamentos ao longo desses dias? Eu já tinha voltado para a cena de terror. Não consegui evitar a volta pra lá, e meus dias ficaram meio nublados. Eu estava apavorado, com medo de não conseguir dar conta de tudo e, pior, de decepcionar a Zoo. Não saíam da minha cabeça as músicas de *indie rock* e aquelas instrumentais que nos levam pra uma angústia que não sabemos explicar o porquê de nos sentirmos daquele jeito.

Ao mesmo tempo que tudo isso acontecia na minha cabeça, eu não queria demonstrar pra Zoo que estava com medo e inseguro e que o futuro do nosso filho e da nossa família vinha me deixando assustado, me fazendo voltar ao nosso filme de terror nunca filmado. Ela não podia se preocupar com as minhas preocupações. Eu tinha que me resolver sozinho com relação a isso.

O que eu fiz então?

Corri atrás de informação. Comecei a pesquisar os gastos de um filho ao longo da vida, como se prevenir com relação à saúde deles, qual a importância de educar uma criança para a vida que levamos atualmente, quais eram as linhas de educação comportamental que mais combinavam com os meus valores e com os da Zoo, o que eu deveria ensinar para o meu filho... Pesquisei até cansar.

E o que aconteceu? Fiquei mais apavorado ainda! Eu descobri que teria de guardar mais de um milhão de reais se quisesse realmente garantir os estudos do Gael. Isso, claro, se ele escolhesse fazer uma faculdade que durasse 4 anos. Se ousasse escolher algo mais duradouro, já não daria certo. Mas eu não tinha o direito de não apoiar os sonhos do meu filho, não é? Eu tinha que apoiá-lo e mostrar que os sonhos poderiam ser realizados se ele trabalhasse duro para isso.

Eu estava realmente preocupado em como iria proporcionar o melhor para o futuro do meu filho.

VIVER BEM NO PRESENTE PARA TER UM FUTURO MELHOR.

Sem perceber, eu estava me esquecendo de uma das coisas mais importantes que os meus pais e a minha avó me ensinaram. Além de ter que ser um pouco loko na vida, a gente tem que focar o presente, fazer o que tem de ser feito para conseguir alcançar tudo o que desejamos no futuro. As preocupações estavam me fazendo esquecer que o que realmente importava era o que eu estava vivendo no agora com a Zoo e com a preparação para a chegada do Gael.

Não valia a pena eu ficar pensando no futuro dele se eu não focasse um presente que fizesse sentido para mim e para a mãe dele. Eu me lembro do meu pai nesse momento. Quando contei pra ele que a Zoo estava grávida, ele me disse a seguinte frase: "Um filho é a melhor e maior loucura que pode nos acontecer na vida. Parabéns e aproveite". Esse era o sentimento que eu tinha de manter na minha mente: o de aproveitar tudo o que a chegada do meu filho estava proporcionando na nossa vida. E era isso o que iria fazer para afastar toda aquela cena de filme de terror da minha mente.

Afinal de contas, eu nem sabia se o Gael iria querer fazer uma faculdade. Era melhor viver o presente, e isso me fazia querer saber qual era a próxima fase de crescimento dele. O aplicativo estava reservando o que para nós?

Chegamos ao 5º mês de gestação. O bebê tinha agora de 14 a 16 cm e pesava cerca de 260 g. E pela primeira vez ele começava a se parecer com um bebê, com as formas e o corpo um pouco mais próximo do que teria quando chegasse ao 9º mês. Nessa etapa, também já começou a reconhecer sons, a ouvir os batimentos cardíacos da mãe, a perceber a claridade e a se mexer sem parar por vontade própria.

NESTA FASE, SEU BEBÊ ESTÁ DO TAMANHO DE UM CELULAR.

Esse dia foi engraçado. Do nada, o bebê saiu da casa dos milímetros e foi para a casa dos centímetros. Ele já tinha forma de bebê e carinha de Gael. Fiquei ainda mais ansioso para ver o ultrassom daquela etapa. Será que daria pra ver com quem o Gael se parecia? Iria ter que ser um ultrassom 3D. Eu queria poder "tocar" com as mãos o meu filho.

Mas ter um celular como referência foi uma surpresa e um puxão para o presente ao mesmo tempo. Como assim o tamanho do bebê é o de um celular? Que celular? Será que ele é igual ao meu celular? Eu queria saber exatamente que celular ele era, porque eu já queria me sentir como se tivesse segurando meu filho no colo. E ficaria mais fácil saber disso se eu tivesse certeza de qual celular o aplicativo estava falando.

Quem não é visto não é lembrado.

Eu não parava de olhar para o meu celular e de imaginar o meu filho ali, daquele tamanho. Será que ele era mais esperto que o meu celular? O que ele já sabia fazer? Será que ele já se cansava das coisas que fazia dentro da barriga da Zoo? É muito loko como a nossa cabeça se enche de perguntas de uma hora pra outra.

Meu filho era do tamanho de um celular, e eu já queria saber se ele era esperto como o celular. De repente, aquele medo que eu estava sentindo do futuro ficou menos forte e o celular me fez pensar no meu presente. Com aquele aparelho que estava nas minhas mãos eu conseguia trabalhar, me divertir, me conectar com as pessoas que amo e, enfim, eu conseguia existir no lugar que eu bem entendesse. Ele era, praticamente, a minha melhor ferramenta de trabalho.

E por falar em trabalho, era isso que eu tinha que focar. Eu tinha mesmo que afastar o medo da minha cabeça e pensar em como poderia gerir melhor meu conteúdo, como poderia ser mais interessante para as pessoas que me acompanham e, mais do que isso, eu tinha que pensar em coisas novas e boas para que eu continuasse trabalhando por muito tempo, pois só assim eu conseguiria garantir tudo que fosse bom para o Gael e para a minha família.

Se antes eu ainda estava com dúvidas sobre estar 100% on--line e focado no meu trabalho, com essa fase do Gael essas dúvidas foram embora. Eu só pensava em crescer e ser cada vez melhor naquilo que eu fazia para poder ser um herói pro meu filho. Um celular estava mudando mesmo a minha vida, e eu tinha de voltar a ser visto para não ser esquecido pelas pessoas. O que você faria no meu lugar?

a) Tentaria descobrir qual era o celular que se parecia com o Gael. Ops! Melhor o contrário, né? Tentaria descobrir com qual celular o Gael se parece? ( )
b) Começaria a pesquisar qual era o melhor celular para crianças. ( )
c) Pesquisaria mais sobre a influência da tecnologia na educação das crianças. ( )

d) Focaria o trabalho para ter um futuro melhor. ( )
e) Começaria a planejar coisas para fazer com o seu filho usando o celular. ( )
f) Todas as alternativas. ( )

A ideia de o meu filho ser um celular me fez abraçar o mundo e querer conquistar tudo o que fosse possível.

O que mais estava por vir? Vamos parar um pouco para pensar em tudo isso? Você já se viu em situações como essa? Como você sente o seu presente e como acha que isso pode influenciar no seu futuro? Publique a sua história nas redes sociais e use a hashtag #VouSerPaiOLivro para eu acompanhar.

Depois disso, retome a sua leitura, porque ainda falta um bom tempo até o Gael nascer e muita coisa ainda vai se passar pela minha cabeça.

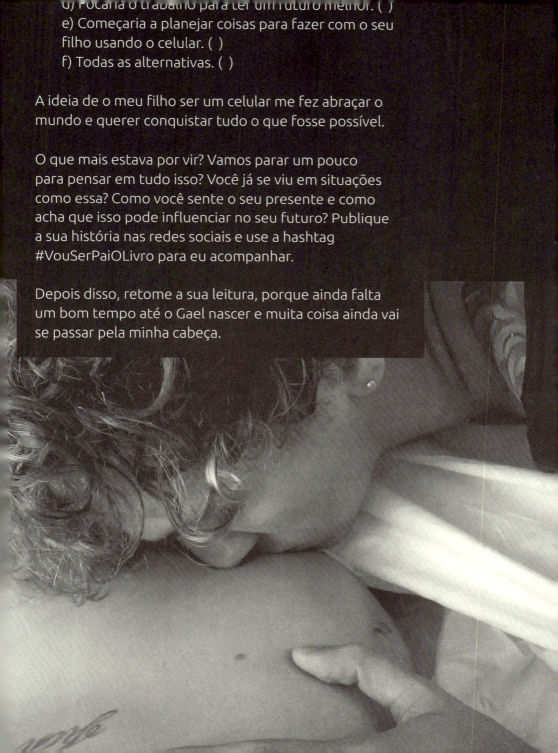

MELÃO AMARELO 10

ENCONTRAR-ME COM O GAEL NA FASE DO CELULAR FOI UM MOMENTO ÚNICO PARA MIM DURANTE TODA A GRAVIDEZ DA ZOO. EU FINALMENTE HAVIA ENCONTRADO NELE ALGO QUE PUDESSE NOS CONECTAR E NOS MANTER UNIDOS. O CELULAR É A MINHA FERRAMENTA DE TRABALHO, É O QUE ME CONECTA COM O MUNDO E O QUE ME FAZ SER E CONTINUAR SENDO CHRISTIAN FIGUEIREDO.

Talvez tenha sido essa percepção que me fez sair daquele *looping* de cena de terror em que eu havia entrado. Percebi que tudo faria sentido se eu me conectasse com o meu filho e continuasse conectado com a Zoo. O que realmente importa é o que temos no presente, com as pessoas que estão do nosso lado.

Eu já contei aqui que o meu relacionamento com a Zoo começou de um modo diferente de tudo aquilo que eu já tinha vivido. Quando me encontrei com ela, eu estava num momento de redescoberta de mim mesmo, estava à procura de respostas e, por isso, tinha decidido me ausentar um pouco das redes sociais. E, de repente, ela apareceu. E me fez começar a fazer planos que eu nunca tinha imaginado, me fez querer começar a construir um futuro ao lado de alguém. Enfim, me transformou como ser humano.

E nós já estávamos morando juntos há um tempo quando ela engravidou. A nossa rotina já fazia sentido pra nós, pra nossa família e amigos. A chegada do Gael nos pegou de surpresa, sim, mas era algo que nós dois planejávamos viver e realizar um dia. Esse dia tinha chegado um pouco sem avisar e um pouco antes da hora, mas tinha chegado; e viver isso era o que importava.

AS MELHORES COISAS DA VIDA NÃO SÃO COISAS.

Olho para trás e sou grato ao Christian que decidiu dedicar um tempo a si mesmo e procurou se reconectar com aquilo que importava para ele. Acho que hoje, mais do que antes, eu tenho consciência de tudo o que aprendi naquele momento e, claro, continuo aprendendo. Eu precisei viver tudo o que vivi até hoje para me dar conta de que as melhores coisas da vida não são coisas.

E realmente não são. **121**

É claro que tudo o que eu conquistei foi importante para mim e para o meu crescimento pessoal e profissional. Eu pude proporcionar realizações de sonhos aos meus amigos e à minha família e colaborar de certa forma para que os problemas deles diminuíssem. Era o mínimo que eu podia fazer a eles para retribuir tudo o que já tinham feito por mim e para mim.

Mas com a chegada do Gael na nossa vida, os questionamentos sobre ter coisas, comprar, querer ter sempre mais e mais começaram a ficar mais fortes. Será que era mesmo esse o caminho que eu queria seguir? E, mais do que isso, será que era o que nós queríamos ensinar para o Gael? Tanto a Zoo quanto eu começávamos a chegar à conclusão de que tudo isso não importava, o importante mesmo era o presente e o que tínhamos entre nós.

E tudo isso foi um celular que me fez pensar. Na verdade, foi a referência do celular com o crescimento do meu filho que me fez refletir sobre as conexões que teríamos no futuro. E essa reflexão me fez ressignificar e intensificar a minha volta ao trabalho. Eu fiquei feliz por ter voltado e por ter me encontrado e me conectado com o que realmente importava.

À medida que o tempo passava, eu me sentia mais pai do Gael e mais presente na vida dele. Estar ao lado da Zoo e participar de tudo desde o início realmente me ajudava a me encontrar nesse novo mundo que era a paternidade. Eu não sabia o que iria acontecer quando o Gael nascesse, mas tinha a certeza de que iria fazer de tudo para acertar e proporcionar o melhor pra ele. No fim das contas, não é isso que os pais fazem?

Eu comecei a entender muita coisa que os meus pais me falavam no passado e eu não entendia. Eles sempre terminavam a conversa com aquela frase: "Quando você for pai, você vai entender". Eu ficava muito bravo quando ouvia isso porque não tinha como argumentar, e aí a conversa terminava. Eu iria falar o quê? Hoje, eu vejo que eles tinham razão. Estar ali vivendo aquilo tudo, aquela espera infinita com a Zoo, mostrava isso. Só sendo pai e mãe para entender algumas escolhas.

Enquanto eu pensava em tudo isso, o Gael continuava crescendo. E eu ficava tentando adivinhar com o que ele se pareceria na próxima fase. Você tem um palpite?

a) Estamos entrando no 6º mês; logo, ele tem de ser um pouco maior que um celular. Então, pode ser que seja uma havaiana. ( )
b) Acho que no 6º mês ele pode ser um vaso. ( )
c) Chutaria que ele se parece com uma travessa de lasanha. ( )
d) Pode ser que ele esteja se parecendo com um Minecraft®. ( )
e) Acho que ele está mais para um tênis. ( )

Sério, eu adorava ficar tentando descobrir o tamanho do Gael antes de chegar a mensagem do aplicativo. Dessa vez, eu não fazia ideia do que estava por vir. E, olha, fiquei surpreso e meio sem saber o que fazer:

NESTA FASE, SEU BEBÊ ESTÁ DO TAMANHO DE UM MELÃO AMARELO.

Tínhamos chegado ao 6º mês de gravidez. Nesse momento, o feto tinha de 21 a 23 cm, da cabeça ao bumbum, e ganhava peso com bastante velocidade. Poderia chegar a pesar 540 g e se parecer com um melão amarelo. Já estava tão evoluído, que era capaz de ouvir sons e ruídos e, mais do que isso, distinguir as vozes. Por isso, faz sentido dizer que devemos conversar/cantar para o bebê dentro da barriga da mãe, viu? Aqui também o coração já está completamente formado. Estamos cada vez mais próximos da linha de chegada.

Cara, quando eu li a notificação de que o Gael se parecia com um melão amarelo, minha cabeça deu um nó. Eu tive que pesquisar no Google o que era um melão amarelo. Eu não tinha ideia de como era isso. Tudo o que eu sabia era que se tratava de uma fruta redonda um pouco menor que uma melancia — isso eu podia ver quando olhava pra barriga da Zoo, que estava grande, mas nem tanto. Eu podia até concordar que o tamanho dele era o de um melão, mas isso não dizia muito pra mim.

E agora? Eu não queria, de jeito nenhum, voltar à cena de terror. Eu tinha que evitar isso a todo custo. Eu estava feliz, Gael estava quase chegando, mas pela primeira vez o aplicativo estava me apontando para algo que eu não tinha condições nenhuma de buscar na minha memória, nem de forma negativa nem positiva.

Nesse momento, eu fiquei loko. Eu não tinha referência alguma na minha memória de um melão amarelo. Será que isso significava que eu não iria conseguir me conectar com o meu filho? Será

QUANDO A VIDA TE DER LIMÕES, FAÇA UMA LIMONADA.

que seríamos tão diferentes a ponto de não conseguirmos ter nada em comum? Será que ele não iria gostar de mim? Será que eu seria só pai dele e não iríamos ser amigos?

Eu não iria voltar para a cena de terror, mas era impossível não me deixar dominar por essas perguntas. E eu não teria a resposta para todas elas até que o Gael nascesse, então eu decidi seguir o conselho dos limões azedos que viram uma limonada.

Eu podia, sim, passar o resto daquela fase me lamentando porque o Gael podia não querer se conectar comigo porque eu já fui *loser*, e podia muito bem ser um *loser* de novo como pai. Muitas vezes, acho até que o ser humano gosta de se agarrar a essas sensações ruins só pra ficar curtindo uma fossa e não agir.

Dessa vez, porém, eu decidi ver as coisas por um outro lado e fiz a minha limonada. Refleti sobre essa comparação do aplicativo, conversei com a Zoo e entendi que podia acontecer muita coisa depois que o Gael nascesse, e uma delas, por exemplo, era que ele poderia acabar se interessando por algo de que eu não tivesse conhecimento ou interesse. E que tava tudo bem. A gente não é obrigado a ser igual aos outros o tempo todo, aliás, isso nem é saudável.

Vejo por mim mesmo. Quando eu decidi, lá atrás, fazer uns vídeos na internet, muita gente me criticou, me chamou de *loser*, disse que eu não daria certo e que tava só pagando mico. Fiquei triste com muitos desses comentários, é lógico, e se não fossem os meus pais e a minha avó, eu teria desistido. E eles não entendiam nada de internet, de gravação de vídeos etc.

E aí eu fiquei tranquilo. A partir daquele momento, entendi que eu aprenderia muito com o Gael e que ele teria liberdade para fazer as escolhas dele, mesmo que eu as desconhecesse ou não soubesse nada a respeito.

Eu estaria ao lado dele, apoiando e mostrando o caminho a ser seguido para que realizasse o seu sonho. Eu iria mostrar a ele que não seria sempre fácil, mas que no fim tudo valeria a pena e ficaria bem.

Era emoção atrás de emoção. Com seis meses, estávamos bem mais perto do nascimento, e a ansiedade tomava conta da gente, não tem jeito. Vamos fazer uma pausa aqui? Os próximos capítulos vão mostrar um Gael quase pronto, e precisamos estar calmos para aguentar toda essa emoção.

LEMBRE-SE DE RESPIRAR, OK?

FRIGIDEIRA 11

O TEMPO PASSA MUITO RÁPIDO MESMO. E, NÃO, EU AINDA NÃO ME TORNEI AQUELE TIOZÃO QUE FICA REPETINDO ISSO O TEMPO TODO. É ISSO O QUE EU SINTO QUANDO PENSO NO PERÍODO DE NOVE MESES DE ESPERA DO GAEL.

Do dia em que soube que seria pai até o dia em que ele nasceu muita coisa aconteceu, muitos sentimentos que eu nem imaginava ser capaz de sentir apareceram em mim. Acho que foi todo esse mix de emoções e coisas boas que fez o tempo voar.

A barriga da Zoo estava cada vez maior e ela estava ainda mais linda do que já era. Quando entramos no 7º mês, já tínhamos preparado quase tudo para o Gael. A minha mãe e a minha sogra já tinham conseguido trocar todos os presentes, e a Zoo e eu estávamos cada vez mais alinhados sobre aquilo que pensávamos ser bom para nosso filho.

É muito bom quando você encontra a pessoa com quem quer passar o resto da sua vida e começa a formar com ela uma família. Quando tudo isso começou, claro que eu sendo como sou, ficava imaginando mil coisas, me perguntando se seríamos bons pais, se continuaríamos combinando como casal, se aquela mulher que era antes de tudo minha melhor amiga iria continuar sendo minha amiga e, o mais importante, se conseguiríamos chegar a um acordo sobre nossas opiniões.

Posso respirar aliviado com você que acabou de voltar da sua pausa neste livro e dizer que, sim, tudo caminhava muito bem entre nós dois. Assumir um papel ativo ao longo da gravidez dela acho que fez toda a diferença tanto pra ela quanto pra mim, pois amadurecíamos juntos, evoluíamos juntos e crescíamos juntos com o Gael. A vida, realmente, estava nos ensinando muito durante todos aqueles dias.

E se você está curioso sobre termos continuado amigos, já conto que nos tornamos ainda mais amigos. Aprendemos que o respeito é realmente essencial numa relação e que ter o nosso próprio espaço faz toda a diferença. Por exemplo, a Zoo sempre entendeu as minhas crises mais parecidas com cenas de filmes de terror e respeitou isso como ninguém, do mesmo modo que eu entendi o momento dela e que não era fácil algumas vezes; tudo pra ela mudava de um modo mais intenso do que pra mim.

De repente, eu estava vivendo e descobrindo que certos clichês da vida fazem sentido realmente; afinal, nem existiriam se não fizessem. O Gael nos mostrava

O RESPEITO É A BASE DAS RELAÇÕES.

muitas coisas. O respeito era a base de tudo mesmo.

No 7º mês, a Zoo já tinha definido e decidido que gostaria de ter o Gael em casa, num parto humanizado, para sentir a chegada dele da forma mais natural possível. Isso, claro, se tudo corresse bem com ele e com ela até o fim da gestação. Eu precisei de um pouco mais de tempo para entender a real importância dessa escolha, mas, quando entendi, não só respeitei a decisão dela como também me comprometi a fazer parte daquilo por completo. E isso significa participar do parto, estar com ela em todos os momentos, com o detalhe de que eu tenho muito medo de sangue e chego a desmaiar quando vejo algum, então ela não acreditou muito em mim. E você só vai saber se eu fiquei com ela até o fim se ler este livro até o fim.

Tudo entre a gente estava entendido e fazia sentido, mas lembra que eu disse que a chegada de um bebê a uma família transforma as pessoas em médicos e especialistas da noite pro dia? Pois bem, muita gente não gostou muito da ideia porque achava arriscado.

Queriam o melhor pra Zoo e pro Gael, então para essas pessoas não fazia sentido. Mais uma coisa para administrar e entender.

Nesse momento, eu entendi que era melhor ouvir as pessoas e deixar que falassem; afinal, a Zoo e eu queríamos o bem do Gael tanto quanto o restante delas. Entendemos que aquela decisão fazia sentido pra gente, mas podia não fazer para os outros. A vida é isso mesmo, não é? Não valia a pena tentar convencer ninguém do contrário.

Se corresse tudo bem, ele nasceria em casa e ponto.

E Gael crescia e tudo corria bem a cada dia que passava. Eu estava feliz e aprendia cada vez mais; aí vem o aplicativo, sempre ele:

NESTA FASE, SEU BEBÊ TEM O TAMANHO DE UMA FRIGIDEIRA.

Chegamos ao 7º mês. Isso significava que o feto já tinha quase 35 cm e pesava cerca de 1.100 g. Todos os órgãos estavam completamente formados e agora apenas se aperfeiçoando. Os sistemas nervoso, respiratório e cardíaco seguiam se aprimorando. E, além disso, o feto era bem ativo e já alternava momentos em que ficava acordado com momentos de soneca.

A Zoo gargalhou com a comparação. Eu apenas sorri.

Meu filho estava pronto, já era possível ver a carinha e o formato dele num exame 3D, e nos enchia de emoção cada vez que o víamos. Mas a frigideira me intrigou. Mais uma vez esse aplicativo mexeu com a minha cabeça. Ao contrário do que você deve estar imaginando aí, a frigideira me levou a uma lembrança muito boa de cara. E foi exatamente por isso que eu fiquei com tanta coisa na mente.

Eu me lembrei dos cafés da manhã na casa da minha mãe. Aos sábados, ela fazia ovo frito para gente comer com pão. Quem não gosta de ovo no café da manhã é porque nunca experimentou, na minha opinião. E eu amo ovo no café da manhã, mas com um pequeno detalhe: ele tem que estar com a gema perfeita para que eu possa quebrá-la no prato e comê-la com o miolo do pão. Sim, eu como a clara e deixo a gema por último para poder limpar o prato.

A minha mãe sabe disso como ninguém e fazia do café da manhã nosso momento especial. Todo sábado fazia ovos pra gente e reservava pra mim o ovo perfeito, o que estava com a gema perfeita. E, se desse errado, dava pra minha irmã. Eu vejo graça nisso e acho que é um bom exemplo pra contar como era a nossa relação entre mãe e filho.

AS PESSOAS SÃO ÚNICAS.

Minha mãe fazia tudo para me agradar. Eu fiquei pensando nisso e em como seria a relação do Gael com a Zoo. E, se isso acontecesse, como eu iria me encaixar na história? Será que ele iria ter esse tipo de proximidade com ela e também se conectaria comigo? Como seria nossa relação? Será que seríamos amigos? Ou será que ele iria gostar mais da mãe?

Mais uma vez eu estava tentando adivinhar o futuro. E tentando imaginar se seria amigo do meu filho. Eu não sei a resposta. Pode ser que sim, mas pode ser que não. O que eu sei é que naquele momento decidi que faria minha parte quando ele nascesse e o melhor que pudesse para ser um pai presente e companheiro e, assim, criar a possibilidade de termos conexões.

Eu tinha que confiar em mim e no universo e, claro, também aceitar que a relação do filho com a mãe pode ser diferente da relação do filho com o pai. E ainda bem, né? Seria muito chato se as relações fossem todas iguais, sem surpresas. Naquele período, eu entendi que as conexões se criam e são construídas ao longo dos dias. Por exemplo, minha mãe e eu temos esse lance do ovo, do mesmo modo que a minha irmã tem uma relação diferente com o meu pai. Mas nos damos muito bem e nos encontramos de maneiras diferentes com cada um.

Era isso que o Gael tinha que entender e aprender com a gente: que as pessoas são diferentes e, por isso, nos trazem realidades diferentes. Isso é viver. Isso é conviver. Estava descobrindo um mundo de possibilidades para compartilhar com meu filho, e quase não aguentava de tanta ansiedade.

Você já viveu algo parecido? Conta pra mim usando a hashtag #VouSerPaiOLivro e vem comigo pra ver como chegamos ao 8º mês.

JACA 12

DESCOBRIR QUE O GAEL SE PARECIA COM UMA FRIGIDEIRA NO 8º MÊS DE VIDA MEXEU COMIGO DEMAIS. ENTREI NUMA CRISE DE ACREDITAR QUE TERÍAMOS DIFICULDADES DE RELACIONAMENTO, QUE ELE NÃO IRIA GOSTAR DE MIM E QUE NÃO CONSEGUIRÍAMOS CONSTRUIR UMA AMIZADE VERDADEIRA ENTRE PAI E FILHO. UM VERDADEIRO CENÁRIO APOCALÍPTICO PARA UM PAI DE PRIMEIRA VIAGEM.

Não foi fácil. Fiquei dias imaginando que jamais conseguiria fazer um ovo perfeito para meu filho, e que isso seria essencial para a vida dele. Mas será mesmo? E se ele não gostar de ovo? Mas eu gosto de ovo. Pior, se ele tiver alergia a ovo? Como seriam os nossos cafés da manhã? Eu amo ovo frito, será que meu filho também vai gostar de ovo frito?

Para completar tudo isso, eu ainda tinha de continuar lidando com as preocupações excessivas e os conselhos de familiares e amigos, que, claro, só queriam o bem do Gael e da Zoo. Mas, muitas vezes, conselho demais pesa. Na minha cabeça eu já me imaginava cometendo vários erros na educação do meu filho; então, com os conselhos me sentia pior ainda.

Entramos no 8º mês e minha cabeça tentava fugir, mais uma vez, da sensação de fim de mundo num futuro em que tudo dava errado – no caso, o futuro seria meu filho não gostar de mim. Isso era horrível. Se um filho não gosta do pai, quem é que vai gostar? Meu Deus, o que ira ser de mim?

Eu não tinha essas respostas e muito menos podia continuar vivendo daquele jeito, imaginando o pior. Lembra que eu tinha prometido a mim mesmo que não entraria mais nessa *vibe* e curtiria a espera do Gael de maneira positiva? Pois é, parece que alguém não estava cumprindo sua promessa.

É PRECISO VIVER O PRESENTE, DEIXAR O PASSADO NO PASSADO E VIVER O FUTURO SÓ QUANDO ELE CHEGAR.

Eu estava vivendo o futuro com muito mais intensidade do que vivia meu presente. É claro que estava curtindo meu presente, preparando tudo para o Gael, mas o medo de ele não gostar de mim estava tão grande, que eu não conseguia focar completamente o presente. Sem contar que eu não podia nem pensar no que o aplicativo estava reservando para mim. Será que viria alguma coisa boa? Ou eu teria que me esforçar para me conectar de maneira positiva com o *Gael-alguma coisa* outra vez?

O tempo passou, rolou mais um pouquinho de preocupação por parte das pessoas por conta da decisão da Zoo de fazer o parto em casa – polêmica essa parte, mas eu seguia firme e seguro na decisão dela. Mais para à frente, você vai ver como essa história acabou, tá bem? Então, era emoção atrás de emoção. Tudo o que eu merecia era que o aplicativo facilitasse pro meu lado.

E claro que não foi isso que aconteceu, né?

Então, veja bem como foi a última atualização sobre o formato do Gael. O dia amanheceu lindo. Eu tinha de sair para trabalhar, a Zoo iria ficar em casa porque estava com as pernas muito inchadas e queria organizar o guarda--roupa do Gael. Tomamos o café da manhã, conversamos um pouco sobre como seria nosso dia, fizemos alguns planos para o fim de semana e, quando eu já estava saindo de casa, chega a última atualização do aplicativo, assim, certeira, como um gol que sai aos 45 do segundo tempo:

Isso queria dizer que o bebê estava com cerca de 42 cm, com um corpo mais proporcional e bem parecido com o bebê que iria nascer. Com 38 semanas, quase chegando aos 9 meses, os órgãos já estavam completamente formados, faltando apenas terminar de amadurecer. Nessa fase, o bebê já estava grandinho e já não se mexia tanto

NESTA FASE, SEU BEBÊ TEM O TAMANHO DE UMA JACA.

dentro da barriga da mãe – mas ainda assim se mexia, se não ficaria com dores nas pernas, por exemplo.

Meu dia parou. Mais uma vez a cena se repetiu: a Zoo deu uma gargalhada ao olhar para a tela do celular e eu apenas sorri. Você já reparou na diferença de um sorriso e de uma gargalhada? Quem sorri apenas sorri, e pronto, não quer dizer que essa pessoa está se divertindo ou achando aquela situação engraçada; não, muitas vezes, ela sorri por simpatia, ou por não saber o que fazer. Já a gargalhada, ou risada, é coisa de quem está achando tudo muito engraçado ou está sendo irônico. Naquela cena, eu estava sem saber o que fazer e a Zoo estava se divertindo com um bebê jaca.

Fui trabalhar.

No caminho, eu só me perguntava: "Por que jaca?" Não podia ser outra fruta? O que o universo estava querendo me dizer com isso? Fiquei pensativo, buscando alguma relação com jaca na memória. Na verdade, no momento em que vi a notificação, já tinha a lembrança em mente, mas não queria me agarrar a ela... E você já vai saber por quê.

Enfiar o pé na jaca.

Se você é brasileiro e cresceu neste país, tenho certeza de que já ouviu ou falou a expressão: "Vou enfiar o pé na jaca". Muitas vezes, as pessoas usam essa expressão sem saber o que significa, literalmente, enfiar o pé na jaca. E seguem a vida enfiando o pé na jaca muitas vezes, o que, em geral, quer dizer que uma pessoa não está nem aí para seus atos e está disposta a arcar com as consequências depois. Ok.

ENFIAR O PÉ NA JACA.

Mas vamos pensar no ato de enfiar um pé na jaca. Antes, preciso confirmar uma coisinha básica: você já viu uma jaca de perto?

Procure uma foto de jaca na internet. Agora, repare nas dimensões dessa fruta. É grande, né? Agora tente imaginar uma pessoa enfiando o pé numa jaca. Consegue visualizar a cena?

Pois é. Eu também não conseguia. Até os meus 12 anos, essa era uma cena impensável para mim. Onde já se viu ser possível uma pessoa enfiar um pé na jaca? Ainda mais para mim, que nasci e cresci em São Paulo. Menino da capital não vê essas coisas, nem sabe o que é uma jaca de verdade, muito menos sonha em ver uma pessoa enfiando os pés na jaca.

Mas eu vi. Eu passei por isso. Sabe como é, adolescente que cresce em cidade grande não vê a hora de chegar as férias e poder ir para o interior, pra algum sítio. Sempre tem algum conhecido por perto que tem sítio. Se não tiver, o pai desse menino vai dar um jeito de arrumar um sítio pra levar a família nas férias e vai deixar o filho convidar os amigos para passar uma semana ou mais nesse lugar "encantado".

Como bom menino da cidade grande, eu tinha amigos que sempre me chamavam para ir para algum sítio e, claro, eu sempre ia. Era sempre divertido: mato, cachoeira, piscina, futebol, amigos, comilança, e tudo isso durante muitos dias. O rolê perfeito pra quem cresce em apartamento.

Com 12 anos, um amigo me chamou pra ir com ele pro sítio da família. Uma semana no sítio, com a novidade de que lá poderíamos pescar. Nessa hora a gente tinha sempre a companhia do pai dele, que adorava pescar – hoje desconfio que ele ia para não deixar a gente sozinho no rio; vai que alguém caísse...

141

Tudo perfeito até aqui. Mas tinha jaca no caminho. Bem no nosso caminho tinha um pé de jaca (uma jaqueira?) e, por coincidência, era época de jaca. Quando a fruta tá na época dela, é bastante comum que elas caiam e se acumulem no entorno da árvore. Logo, não bastasse o pé de jaca, o caminho todo era rodeado de jaca. Em cada canto tinha jaca.

E a foi aí que tudo aconteceu. No primeiro dia de passeio, meu amigo e eu andávamos devagar e acabamos ficando um pouco afastados do pai dele. Hoje, pensando bem, acho que o pai do meu amigo acelerava o passo de propósito só para ficar um pouco na frente. Eu nem sabia das jacas, nunca tinha visto uma na vida.

E pá! Voou jaca para todo lado, uma meleca, um cheiro horrível. Sem contar o barulho. Levamos o maior susto. Depois rimos. Mas o susto foi grande. Só depois de um tempo fui entender o que tinha acontecido. Na minha frente, o único adulto do grupo ria, cheio de jaca grudada no corpo; havia jaca até nos cílios dele. Com o pé enfiado num resto de jaca no chão, ele pulava rindo e enfiava o pé em outras.

Nesse dia eu gargalhei. Meu amigo riu – lembra a diferença entre uma coisa e outra? – e o adulto quase rolou de tanto rir enquanto repetia: "Enfiando o pé na jaca, enfiando o pé na jaca". Na hora, não entendi aquele meio sorriso do meu amigo, mas continuei me divertindo.

O dia passou e outras brincadeiras parecidas aconteceram. O adulto do grupo – no caso, o pai do meu amigo – repetia uma mesma piada, eu me divertia e meu amigo apenas sorria.

No dia seguinte, tudo aconteceu igual. Exatamente as mesmas brincadeiras, "enfiando o pé na jaca" e mais um monte de coisa que é engraçada só uma vez e depois perde a graça. Comecei a sorrir por respeito, mas minha vontade era não sorrir nem gargalhar. Nem preciso contar que meu amigo queria mais é chorar do que rir, né? O que você faria no meu lugar:

a) Deixaria de pescar. ( )
b) Pediria para a sua mãe ir te buscar. ( )
c) Andaria mais rápido para não dar tempo de ver o "enfiando o pé na jaca". ( )
d) Descobriria um novo caminho para desviar das jacas. ( )
e) Inventaria uma dor de barriga para poder jogar videogame. ( )
f) Nenhuma das anteriores. ( )

Eu não fiz nada. Continuei acompanhando meu amigo e tentando disfarçar o quanto aquelas brincadeiras eram chatas e me incomodavam. Na verdade, eu via que meu amigo estava com vergonha do pai e só pensava que ele não merecia perceber que eu estava achando aquilo tudo horrível.

E o aplicativo me fez lembrar disso. Mas o que isso quer dizer?

Mais uma vez, o futuro vinha me atropelar e visitar minha vida com o Gael antes mesmo de ele nascer. Do nada, com a jaca na mente, eu só pensava no quanto é chato ser chato e fazer brincadeiras de tiozão. Será que eu iria tanto querer ser amigo do Gael que ficaria tentando ser engraçadão pros amigos dele? Será que eu seria um chato sem perceber? Será que eu iria perder a amizade do meu filho por forçar a barra com os amigos dele?

Um cenário horrível com cheiro de jaca invadiu minha cabeça. E eu só queria afastar aquele sentimento. Estava cansado de sofrer por antecipação. Não fazia sentido, por isso, naquele momento, comecei a refletir.

Não iria adiantar nada eu ficar tentando adivinhar o futuro e imaginar como seria a minha relação com o Gael. Ele não tinha nascido ainda, é verdade, mas já existia na nossa vida. O que eu tinha de fazer era continuar construindo uma conexão com ele sendo eu mesmo e fazendo o melhor que eu pudesse para ser um bom pai, presente e compreensívo.

Eu queria apagar as jacas e as frigideiras da minha vida. Eu precisava apagar. Então, me imaginei com um caderno em branco nas mãos – naquela hora, eu não tinha um caderno, mas comprei depois – e nesse caderno eu escreveria a minha história com o Gael. E tudo bem se ele não gostasse de ovo e fosse mais amigo da Zoo. A vida não é uma competição, e eu não quero disputar a atenção do meu filho com a mãe dele; ao contrário, eu quero participar de todos os momentos da vida dele ao lado dela. O Gael é a minha nova história, e ele que vai me ajudar a escrevê-la. Não tem necessidade de eu ficar fazendo piadas bobas e brincadeiras constrangedoras para conquistar o amor dele.

Fiquei aliviado. Agora estava mais tranquilo (na verdade um pouco) e menos ansioso para conseguir entrar no nono mês de gravidez do Gael. Muito chá e água com açúcar foram necessários para acalmar esse coração aflito. Vamos ver como essa história continua? Vamos sem parar mesmo, porque final de gravidez é emoção atrás de emoção. Então, vem rápido comigo para você entrar no clima.

GAEL, 9 MESES

13

SE AOS OITO MESES EU ACHAVA QUE O TEMPO PASSAVA MESMO MUITO RÁPIDO, QUANDO ENTRAMOS NO 9º MÊS TIVE A COMPLETA CERTEZA DE QUE O TEMPO VOAVA. PARAR E OLHAR PARA TRÁS PARA VER TUDO O QUE PERCORREMOS AO LONGO DESSE PERÍODO É MUITO LOKO, SEQUER POSSÍVEL DE IMAGINAR.

Bom, para começar, não passava pela minha cabeça ser pai, quanto mais ser pai tão cedo. Mas aí as coisas aconteceram e eu me vi curtindo a ideia; mais do que isso, me vi amadurecendo conforme o Gael crescia na barriga da Zoo.

O tempo voou. Hoje eu sei que esse papo de que "o tempo passa rápido demais, por isso precisamos curtir cada minuto" é verdade. Do dia em que a Zoo me contou sobre a gravidez até o nascimento do Gael, muita coisa aconteceu e eu aprendi demais com esse dia. Chegamos até aqui. Isso é um fato.

E quem é o Christian no 9º mês de gravidez da Zoo? Que tipo de companheiro eu estava sendo? Será que eu estava sendo um bom companheiro e mostrando que seria um bom pai? Será que a Zoo me via como alguém responsável, capaz de cuidar de um bebê? Como será que iria ser quando o Gael nascesse? Será que ele iria gostar de mim?

Dúvidas... Dúvidas... Dúvidas...

Eu vinha me tornando pai e aprendia a cada dia um pouco mais sobre o Gael, e um pouco mais sobre mim evoluía com ele. Eu já não era mais o mesmo Chris. De repente, eu me vi fazendo perguntas sobre coisas que jamais imaginei questionar, me vi sentindo medo de coisas que nem sabia que existiam e me vi completamente apaixonado por um ser humano que ainda nem existia e me fazia querer ser melhor e conquistar mais coisas só para vê-lo feliz; e ele ainda *nem existia*.

UM FILHO MUDA O HOMEM.

E muda mesmo. Sabe aquela história de que o homem só se torna pai quando o filho nasce? Pode até ser verdade em alguns casos – ou também uma boa desculpa para não se fazer

presente durante a gestação do filho –, mas comigo foi **149**
diferente. Minha ficha demorou a cair, sim, mas o Gael me
fez querer ser um homem melhor do que eu vinha sendo e
querer ser o melhor companheiro que podia para a Zoo. E
foi assim que eu me vi amadurecendo dia a dia.

Lembra aquele Christian do começo deste livro que achava
que tinha conquistado tudo aos 24 anos e que podia parar
um pouco? Esse Christian não existe mais. O Gael me fez
querer conquistar o mundo e me tornar um ser humano
ainda melhor. Então, se eu puder te dar um conselho,
não terceirize a paternidade. Seja pai desde o início da
gravidez da sua companheira. Você vai se sentir melhor,
vai amadurecer aos poucos, como homem e como pai.

E agir dessa forma fez com que eu ficasse ainda mais
próximo da Zoo. Sobre tudo o que era relacionado ao
Gael pensávamos juntos, agíamos juntos. Isso foi nos
fortalecendo e fazendo com que um tivesse confiança
no outro para encarar os comentários que, obviamente,
seguiam com bastante intensidade. É que se tem
uma coisa que você precisa saber é que, quando você
espera um filho, automaticamente sua família, seus
amigos e conhecidos também engravidam e se tornam
especialistas em tudo o que se refere a bebê.

E ao final dos nove meses, para todos que estão ao seu
redor, significa que o seu filho já deveria ter nascido,
ou, mais do que isso, que ele já deve ter uma data
marcada para nascer. Em muitos casos, isso pode até
funcionar e, por diversas questões, muitas vezes, é
possível chegar ao 9º mês de gestação com a data de
nascimento definida.

Com o Gael não foi assim.

E, AGORA, PAUSA DRAMÁTICA PARA VOCÊ SENTIR O IMPACTO QUE FOI ESSA NOTÍCIA. VOU ATÉ DEIXAR UMA PÁGINA EM BRANCO PRA MOSTRAR COMO FOI RECEBIDO ESTE ANÚNCIO PELA FAMÍLIA E PELOS AMIGOS:

151

– O Gael vai chegar quando ele achar que for a hora certa, não tem data marcada.

Sentiu o drama? Vou completar com mais uma informação e aí vou precisar de mais uma página em branco pra você sentir o drama real:

Todo mundo:
– Em qual maternidade o Gael vai nascer?

Christian e Zoo:
– Ele vai nascer na nossa casa mesmo, num parto humanizado.

153

Choque total. Silêncio seguido de perguntas intermináveis. Respostas nunca encontradas. Preocupações acima de qualquer coisa. Histórias tristes sobre partos em casa que não deram certo. Um zilhão de conselhos intermináveis para não termos um filho em casa.

Para não dizer que nenhuma das perguntas e conselhos abalaram minha plenitude e segurança com relação à decisão da Zoo (sim, amigo homem que está lendo este livro, quem decide como vai dar à luz um bebê é a mulher que carrega o filho ao longo de nove meses, e, se um dia a Zoo quiser explicar as razões dela, ela coloca no diário, beleza?), uma, sim, me preocupou:

— Você já providenciou uma ambulância para ficar de plantão na sua casa caso aconteça alguma coisa com a Zoo e com o Gael?

Essa pergunta ecoou na minha cabeça e ficou num *looping* eterno, como se a Dory falasse *baleiês* (já estava me habituando com o mundo Disney® para não fazer feio na frente do meu filho) e ficasse procurando na memória dela a ambulância que eu devia ter agendado. É claro, como eu não pensei nisso? A Zoo será que pensou? Será que os médicos dela estão preparados caso tenha alguma emergência? E se acontecer alguma coisa? Será que vai dar tudo certo? Será que é mesmo uma boa ideia ter o Gael em casa? Como faço para agendar uma ambulância se não tenho como saber quando o Gael vai nascer? Vou ligar para o médico e perguntar como faz, mas será que ele sabe?

De repente, eu me vi numa cena de terror e a ambulância não saía da minha cabeça. Na hora, minha reação foi dizer que, claro, que tinha visto a ambulância e já tinha um esquema para chegar ao hospital muito rápido se fosse preciso.

Era mentira. O que você faria no meu lugar: **155**

> **a)** Entraria em choque e sairia correndo. ( )
> **b)** Ligaria para uma ambulância e pediria que ela ficasse de plantão na sua casa durante o mês inteiro. ( )
> **c)** Entraria em contato com o médico para conhecer todos os riscos de não ter uma ambulância em casa. ( )
> **d)** Pesquisaria todas as histórias de partos em casa que não deram certo para saber se eles se resolveram com uma ambulância. ( )
> **e)** Pesquisaria todas as histórias de partos em casa que deram certo e não precisaram de uma ambulância. ( )
> **f)** Ficaria tranquilo porque estava tudo certo para o parto do seu filho em casa. ( )

Eu sei que essa situação só é possível para quem está esperando o filho nascer, mas tente se colocar no meu lugar. Imagine a cena mais difícil da sua vida. Um episódio em que você precisou tomar alguma decisão que a maioria das pessoas não achava a melhor do mundo. Pensou? Agora multiplica esse sentimento por um milhão de vezes. Eu me sentia assim, aflito, mas ao mesmo tempo tranquilo, porque sabia que a Zoo não iria colocar a vida dela e a do Gael em risco, e eu não tinha dúvidas com relação às escolhas dela.

Mas então por que eu menti?

A verdade é uma só: eu não aguentava mais ouvir tanto conselho e tanta preocupação. E se eu dissesse que a ambulância já estava de sobreaviso, as pessoas ficariam mais tranquilas, porque era a resposta que elas queriam ouvir. Muitas vezes, na vida, para conseguirmos um pouco de paz, precisamos fazer isso. Eu simplesmente queria fugir daquelas perguntas; e só.

Eu fiquei com medo e talvez por um momento tenha imaginado o pior para o Gael e para a Zoo? Sim. Fiquei. Mas a verdade é que esse sentimento durou muito pouco, porque eu tinha certeza da escolha da Zoo. Para mim, era importante respeitar essa decisão e estar ao lado dela no momento mais bonito da nossa vida.

É isso que quero te fazer entender quando digo que fui me tornando pai com o passar do tempo. Eu me sentia parte de tudo o que era decidido para o Gael e pelo Gael, ou melhor, eu me fiz parte de todos esses momentos, e é isso o que importa. É muito fácil aceitar o clichê de que "o homem só se torna pai de verdade quando o filho nasce". Pensar assim é realmente mais fácil e mais cômodo, mas é isso o que você quer?

O HOMEM SÓ SE TORNA PAI DE VERDADE QUANDO O FILHO NASCE.

Definitivamente, eu não quis viver esse clichê e não quis me ausentar das responsabilidades que um filho começava a trazer e a tornar realidade. É claro que eu não via meu corpo mudar, não sentia de fato o que é gerar um filho, mas isso não me livrava do fato de estar presente e acompanhar tudo o que dizia respeito a ele.

Durante todos esses meses, eu evoluía à medida que entendia que eu seria responsável por um ser humano pelo resto dos meus dias. E o fato de ainda não conseguir vê-lo, senti-lo, tocá-lo, não anulava sua existência. Muito pelo contrário. Eu acredito que me fazer presente na vida da Zoo e nas escolhas dela com relação ao nosso Gael foi um modo de me conectar com meu filho antes mesmo de ele nascer.

Sabe aquela história de conversar com o bebê dentro da barriga da mãe? De colocar uma música pra ele ouvir? De pegar um livro pra ler pra ele? E de, simplesmente, ficar quietinho ao lado da mãe dele só pra estar com os dois? Tudo isso é verdade, funciona e é maravilhoso.

Preparar o nascimento do Gael e curtir sua espera me fez evoluir e me conectou ainda mais com a Zoo. Então, se ainda restava alguma dúvida sobre aquela velha história de que "os dias de espera de um filho são uma coisa só da mulher e o pai só vai se sentir parte da família quando o filho colocar a carinha no mundo", estou aqui para dizer o contrário. Quero fazer com que você – que vai ser pai ou pretende ser – aja diferente desse pensamento equivocado. Transforme-se no pai que sempre quis ser para o seu filho assim que souber da existência dele.

Mas você, que está comigo desde o começo deste capítulo, com certeza tem uma pergunta que não lhe sai da cabeça:

Se a Zoo já completou nove meses de gravidez, quando é que esse garoto vai nascer?

A natureza é perfeita, meu amigo, e funciona sempre na hora que tudo está certo. Nós não aguentávamos mais de tanta ansiedade e queríamos ver o rosto do Gael o mais rápido possível, mas vou logo avisando para os que não são pais ou são pais de primeira viagem: não é porque completou nove meses que, pa-pum, nasce o bebê.

Chegar ao 9º mês de gestação significa que a criança pode nascer a qualquer momento, e isso quer dizer "qualquer momento" mesmo. Isso ajudou a aumentar a ansiedade deste jovem senhor de 25 anos e a ficar imaginando mil e um acontecimentos por conta dessa expectativa.

A plenitude da Zoo e a tranquilidade dela é que me seguraram. Por que, vou te dizer, haja coração para tanta ansiedade, viu?

"Então"? Você ouve da obstetra no último ultrassom que o seu bebê está com a saúde perfeita e já está na posição para nascer. Ah, tem isso, para ter um parto humanizado não basta a mãe querer. As condições de saúde tanto dela quanto do bebê têm que permitir isso, e uma dessas condições é o bebê estar na posição certa e segura para poder nascer. Então, quando você ouve isso, seu coração dispara e você acha que ele vai nascer ali mesmo. Esse foi o último ultra que fizemos e, claro, foi 3D. Eu parecia um pai babão, falando com o Gael. Ele ria na barriga da Zoo, eu juro pra vocês.

Porém, como eu disse, a natureza não falha e não desrespeita sua hora. O Gael tinha a hora dele, e esperar mais um pouquinho era tudo o que podíamos fazer naquele momento.

Aproveitamos esses dias de espera para ouvir alguns conselhos que realmente valeram a pena – e só vou dizer quais são porque eles merecem um diário novo #VouSerPaiOLivro – enquanto preparávamos a casa para receber o Gael. Seguimos à risca:

> **a)** Durmam o máximo que puderem.
> **b)** Apreciem uma boa noite de sono seguida de um cochilo preguiçoso pela manhã.
> **c)** Durmam depois do almoço e aproveitem esse momento sem culpa.
> **d)** Durmam mesmo se não tiverem vontade.
> **e)** Durmam assistindo a filmes.
> **f)** Aliás, vejam os filmes que vocês têm vontade, pois depois só terão espaço para os desenhos animados.
> **g)** Façam refeições à mesa, juntos, e em horários padrões.
> **h)** Relaxem, tudo vai dar certo e vocês sempre farão a escolha adequada que julgarem correta naquele momento.

Curtimos esses dias tentando lidar com a ansiedade da melhor forma possível. Preparar a casa para receber um filho é uma delícia. De repente, o varal da sua casa fica cheio de roupinhas de bebê, e você tem um suspiro e um ataque de fofura a cada vez que olha para a lavanderia.

É bom mesmo curtir cada um desses conselhos, porque a vida muda. E muda muito.

E, sim, se você está pensando que eu fiquei imaginando as cenas do Gael nascendo no meio do trânsito, no supermercado, na farmácia, no cinema, no restaurante, no salão de beleza, em qualquer lugar que ficasse muito distante da nossa casa, saiba que você está certo. Eu oscilava entre não querer que a Zoo saísse de casa sozinha e, na verdade, queria que ela ficasse apenas em casa, já que o "pode nascer a qualquer momento" não saía da minha cabeça.

Vivi inúmeras cenas da série Grey's Anatomy. Eu me imaginava correndo, procurando os dois, até encontrar a Zoo perdida em algum lugar em São Paulo com o Gael nos braços. Eu a via chorando, feliz por me ver – e por estar viva – ao lado de médicos que me explicavam a sorte que a Zoo tinha tido de encontrar uma boa senhora que a havia salvado. Minha cabeça viajava e o Gael curtia mais uns dias de vida só com a mãe dele.

Até que chegou o grande dia. Gael decidiu nascer. Você sabe o que isso significa? Pega um chá desta vez e respire com calma antes de ir para a próxima página, porque eu vou escrever sobre o dia mais emocionante da minha vida até agora. E eu preciso que você esteja bem para acompanhar tudo o que eu vivi com a Zoo e com o Gael naquele dia. Tem vídeo do nascimento no canal? Tem. Mas escrito é bem diferente, e você sabe disso.

VAMOS RESPIRAR UM POUCO?

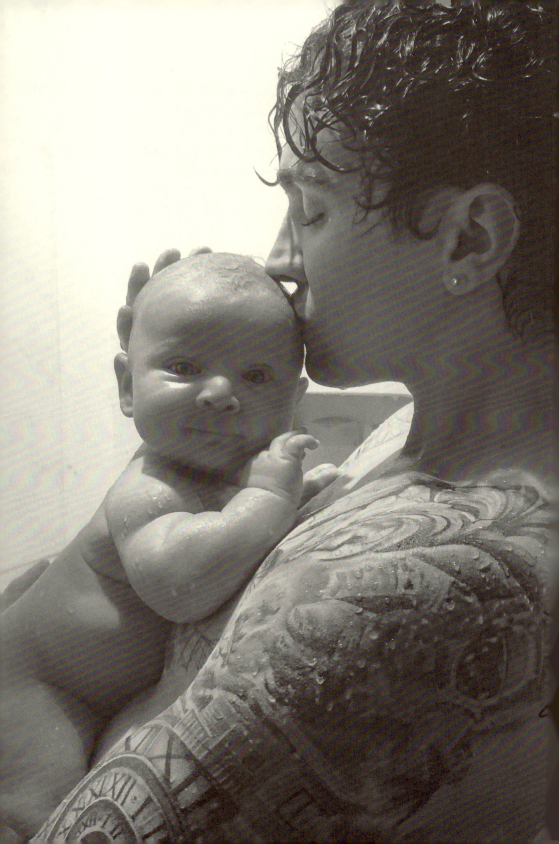

O GAEL NASCEU 14

VOCÊ JÁ SE RECUPEROU DAS PAUSAS DRAMÁTICAS DO CAPÍTULO ANTERIOR? EU ESPERO QUE SIM. EU ACHAVA QUE JÁ TINHA VIVIDO TODO TIPO DE EMOÇÃO AO LONGO DA GRAVIDEZ DA ZOO E QUE ELAS DE ALGUM MODO ME AJUDARIAM A CHEGAR PREPARADÃO, PRONTO E FORTE PARA O DIA EM QUE O GAEL DECIDISSE NASCER.

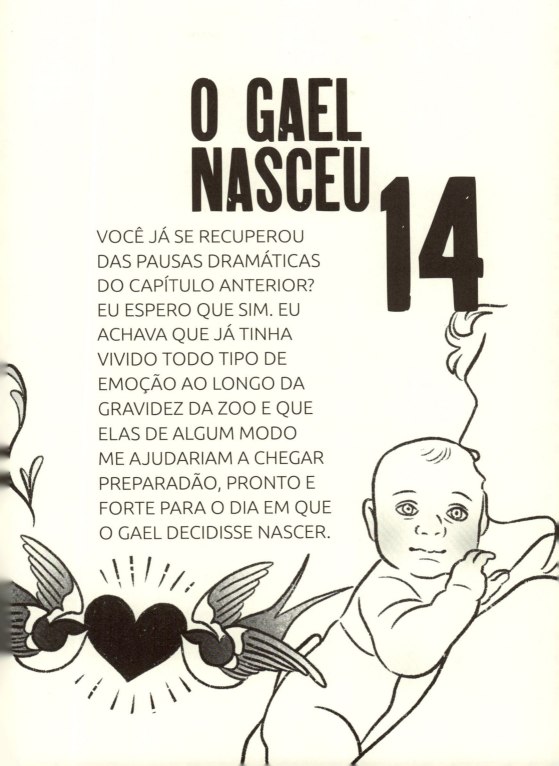

Porém, como na vida as coisas nem sempre acontecem do jeito que a gente quer, os sentimentos e os ensinamentos recebidos durante os nove meses de espera pelo Gael apenas me ajudaram a idealizar esse dia. Eu jamais imaginei que pudesse sentir o que senti no dia 19 de maio de 2019.

Eu achava que sabia como iria ser. Na minha cabeça havia um *script* e tudo corria bem – e correu. Eu tinha até esquecido a ideia da ambulância, mas, claro, com tudo o que o Gael vem me ensinando eu tinha me informado o suficiente para saber que, se algo de ruim acontecesse, me viraria bem e conseguiria resolver. Meus pais, familiares e amigos já estavam mais tranquilos – ou melhor, convencidos – com a ideia do parto domiciliar, e isso aliviou muito minhas tensões e trouxe um pouco de paz para eu poder esperar o meu filho nascer e dar todo o apoio à Zoo.

Antes de contar a história desse longo dia, que durou 28 horas literalmente, preciso avisar que diferentemente do que eu pensava, o "nascer a qualquer momento" não é bem assim, de um jeito inesperado, que você não consegue perceber. Antes de nascer de verdade, a mulher começa a se preparar para poder dar à luz, e isso, pessoal, é impossível de não ser percebido por quem está perto. Então, sabendo disso, eu fui ficando tranquilo e parei com a ideia de que, se a Zoo saísse de perto de mim ou se afastasse muito de casa, eu perderia o parto do Gael.

Quando decide acompanhar todo o processo de espera do seu filho, você se torna pai aos poucos, mês a mês, com a mãe dele. Então, lá na frente, você vai conseguir perceber quando o seu filho começar a nascer. Isso, é claro, se houver condições para que ele nasça de forma natural – como foi a escolha da Zoo – e essa for também a escolha da mãe do seu filho.

O que eu tinha de informação e a Zoo também era que **163**
havíamos entrado na 40ª semana, o que significa que o
Gael estava completinho, lindo, maravilhoso, perfeitinho
e prontíssimo para conhecer o mundo daqui de fora, mas
que sairia só quando estivesse pronto, com vontade. E
nós esperávamos esse momento. O que não sabíamos
era que o Gael nasceria com 40 semanas e dois dias. Isso
mesmo, minha vida estava para mudar em dois dias.

Ah, também é importante explicar que o parto domiciliar
não é uma coisa feita sem nenhuma orientação médica.
Não. A partir do momento em que a mulher decide dar
à luz em casa, ela precisa avisar a equipe médica que faz
o acompanhamento da sua gestação. E aí, só depois da
avaliação dos médicos e da confirmação deles de que o parto
natural é adequado àquele caso e está tudo certo com o
bebê e com a mãe, começa-se o preparo. Então, além de nós
dois, a obstetra, a doula e a pediatra que acompanhariam
o parto do Gael também estavam de sobreaviso.

E, por fim, antes de deixar o Gael vir ao mundo neste
livro, você precisa gravar na sua mente que este relato
parte do meu ponto de vista, Christian, pai do Gael e
companheiro da Zoo. E, por isso, não espere relatos
sobre o que a Zoo sentiu – eu voto para que ela lance o
diário dela e conte tudo o que passou enquanto esperava
o Gael nascer, mas é ela que tem que decidir –, porque eu
não posso falar por ela. Combinado? Aqui é o Chris que tá
falando sobre as emoções de ser pai.

É impossível descrever o amor de um pai pelo filho.

Será que estou ficando velho? Pela primeira vez na minha
existência, os clichês começam a fazer sentido. Eu sou
incapaz de descrever, mesmo que use todas as palavras

É IMPOSSÍVEL
DESCREVER O
AMOR DE UM
PAI PELO FILHO.

existentes e ainda invente mais um tanto de palavras lokas, **165**
o amor que sinto pelo Gael. E esse amor só cresce a cada
dia. Como eu já disse anteriormente, vou defender a causa
de que os homens podem sim, se quiserem, tornar-se pais
antes mesmo de ver o filho nascer. Então, no dia em que a
Zoo começou a sentir as primeiras contrações, eu já estava
transbordando de amor, embora começasse a sentir um
pouco de pânico também.

Eu já disse que o bebê não nasce de uma hora pra outra,
né? Pois bem, o bichinho, no caso, o Gael, ensaiou bastante
antes de decidir mostrar a carinha maravilhosa neste
mundo – vê que eu já comecei a usar o diminutivo antes
mesmo de ter o Gael no colo –; e de "bastante" eu quero
dizer "28 horas". Isso mesmo, o Gael se preparou durante
um dia inteiro e mais quatro horas do dia seguinte.

Com isso, você já começa a entender o conselho para
que dormíssemos sem culpa enquanto o Gael não
chegasse, né? Porque é claro que a partir do momento
em que a Zoo começou a sentir dor e a não encontrar
posição que a deixasse tranquila, não dormimos mais.
E só fomos dormir mesmo depois que o Gael nasceu e
vimos que estava tudo bem.

Até aí, ok. Estava tudo sob controle. As primeiras contrações
começaram a aparecer, a Zoo me avisou e estava tudo muito
tranquilo. Ligamos para os médicos, avisando que o Gael
começava a dar sinais de que estaria chegando. Na minha
cabeça, depois da ligação, eles já estariam em casa. Mas não
é bem assim. Vou contar pra você sentir o drama.

Quando uma mulher começa a ter as primeiras
contrações, ela liga pro médico. Então ele vai fazer
a seguinte pergunta:

— De quanto em quanto tempo as contrações estão aparecendo?

A mulher responde, ou avisa que vai cronometrar, e liga em seguida.

Aí, você, pai, entra em ação. É preciso cronometrar. Para ajudar nesse momento, você ativa o aplicativo, que faz o cálculo. A resposta a essa pergunta definirá todas as próximas ações dos médicos e da própria mãe. Então, prepare-se para saber o que aconteceu com a Zoo.

Cronometramos e ligamos para a médica da Zoo, avisando que o espaço entre uma contração e outra estava entre uma hora e meia e duas horas. Com essa informação, ela mandou outra pergunta:

— E a dor? Está aumentando ou não muda entre uma contração e outra?

Se a resposta for que não está aumentando, como foi a da Zoo, ela vai dizer:

— Então, fica calma e continua cronometrando as contrações e observando a dor. Me liga quando a dor começar a aumentar e o espaço entre uma contração e outra diminuir.

Esse é o primeiro aviso de que vocês não vão dormir nas próximas horas. E não vão mesmo. Primeiro porque haja ansiedade para conseguir medir a dor e não perder sequer um minuto do tempo entre uma contração e outra. E segundo porque nós, homens, jamais teremos dimensão da dor que uma mulher chega a sentir antes do parto e, muito menos, no parto. E quando ela diz ao médico que a dor não muda de um momento para o outro não significa que ela não esteja sentindo dor, tá? Ela sente, sim, e isso significa que ela não vai conseguir encontrar posição para ficar parada durante muito tempo; portanto, nada de dormir. Por isso, respeitem as mulheres e a dor delas.

Adrenalina solta no ar.

Quem disse que eu fiquei superdeboas com a fala da médica? Como assim que ela não estava vindo pra nossa casa imediatamente? Como assim que a gente iria ter que ficar sozinho e esperar a dor aumentar? Era possível deixar a Zoo sentir dor? O que eu podia fazer para me acalmar?

Ao mesmo tempo que queria ficar calmo, apoiar a Zoo e fazer o meu papel, eu não conseguia controlar minha ansiedade. Minha cabeça estava a mil. E a Zoo, claro, que me conhece melhor que qualquer ser humano deste mundo, percebeu como eu estava e me acalmou. Vê se pode. No momento em que ela, sim, deveria estar nervosa, ela é que me acalmou. Por isso que eu digo, nosso relacionamento é maravilhoso. Um equilibra o outro.

Entendi que ela estava bem e que era assim mesmo que funcionava. Não fazia sentido a equipe se deslocar e ficar esperando até que a Zoo começasse a sentir dores mais fortes. Isso não fazia sentido e até tiraria nossa liberdade. Ela estava bem, as dores (embora eu achasse que estivessem fortes) estavam sob controle. E as médicas ali só nos deixariam mais nervosos.

Fazia sentido. Eu me convenci e me acalmei.

Até que um bom tempo depois as dores começaram a aumentar e o tempo entre uma contração e outra começou a diminuir. As contrações começaram a ficar cada vez mais intensas. Era chegada a hora de entrar em contato com a médica e dizer que ela deveria ir pra nossa casa. Ligamos e falamos como a Zoo estava. Nessa hora nós dois falávamos juntos, tentando manter a calma. Eu não sei se foi por isso, por estarmos nervosos, ou se foi algo que falamos, só sei que as médicas e a doula chegaram muito mais rápido do que podíamos imaginar. A minha mãe e a mãe da Zoo também chegaram em casa, e aí era só questão de tempo.

No caso, foi muito tempo.

Olhando de fora, observando sua mulher se contorcendo de dor, às vezes, gritando, você acha que ela atingiu seu limite e que o bebê vai nascer em seguida, nos próximos minutos. Mas não é assim. A dor sempre pode ficar mais forte e o cenário vai ficando cada vez mais desesperador.

Por sorte, a Zoo e eu já tínhamos conversado muito sobre esse momento. Ela, que também era mãe de primeira viagem, já tinha me explicado o que poderia acontecer. E me contou que sentiria muita dor e que talvez pudesse se desesperar. Na cabeça dela, hoje eu sei, ela me contava tudo isso para que eu também me preparasse e não me sentisse ansioso ou desesperado. O que estava acontecendo em casa, com todas as dores e a falta de posição, era absolutamente normal, e eu tinha que entender isso.

E, por incrível que pareça, embora eu estivesse superansioso e querendo dividir com a Zoo as dores do parto, eu também estava tranquilo, respeitando o momento dela e fazendo o que estava ao meu alcance para tornar as coisas menos difíceis. Então, se a médica me chamava, eu chegava antes mesmo de ela terminar a frase. Se a Zoo pedia por mim, eu já aparecia no segundo seguinte.

Tudo estava preparado para o Gael chegar em casa. Compramos uma piscina plástica, e a Zoo tinha escolhido dar à luz na sala, que era o cômodo maior e, teoricamente, mais arejado. Só faltava levar a piscina pra sala e enchê-la de água quente – segundo a médica, a água quente ajuda no trabalho de parto. A minha função era encher essa piscina de água quando me dissessem que havia chegado o momento.

Depois de longas 28 horas, o momento chegou e lá fui eu encher a piscina.

Nós morávamos num apartamento, tá? E a piscina era de criança, porém, grande. Você imagina o que aconteceu? A torneira do único banheiro da casa que tinha água quente naquele dia não funcionou. Conclusão, quase me desesperei, mas as pessoas ao meu redor não deixaram isso acontecer. Elas me ajudaram a lembrar que havia outro banheiro, e também fogão, micro-ondas, enfim, lugares onde eu podia pegar água e esquentar. Nos momentos de desespero, muitas vezes travamos e ficamos sem reação. Ainda bem que há pessoas que nos tiram desse lugar. Então me diz, como você agiria:

    a) Entraria em pânico e encheria a piscina com água fria; afinal, melhor ter água do que não ter. ( )
    b) Ficaria parado tentando entender por que não tinha água no lugar que tinha que ter água. ( )
    c) Ficaria perdido dentro da própria casa, andando de um lado pro outro. ( )
    d) Buscaria ajuda. ( )

Eu tive ajuda – melhor do que dizer que busquei. Quando quase travei, apareceu a fada sensata da médica e me mostrou o que eu tinha de fazer: muito obrigado por esse abraço sem ser abraço.

Preparei a piscina, consegui colocar água até o ponto certo e manter o ambiente tranquilo e pronto pra Zoo entrar na banheira, como ela havia me pedido. E assim foi. Ela entrou, acostumou-se com a água. Mas alguma coisa estava estranha ali. Ela não parava de se mexer e de mostrar que estava com calor, fazendo sinal de que queria sair dali. Fui até ela pra tentar acalmá-la, e aí ela me pediu para tirá-la dali. A enfermeira ouviu e autorizou. Decidimos que ela teria o Gael no chuveiro. E foi assim.

Esse, na verdade, já era um plano B, caso não desse tempo de encher a banheira e tal. E foi o plano B que fez sentido pra Zoo naquele momento; e foi lindo. Ela entrou no primeiro banheiro que viu pela frente – o que não queríamos, porque nosso banheiro era mais bonito e tava pronto para receber o Gael. Mas há coisas que acontecem como devem acontecer. O Gael nasceu em casa, no chuveiro, e tava tudo bem.

Eu não consigo encontrar palavras que expressem tudo o que senti naquele momento. O que eu sei e me lembro bem é do olhar da Zoo pra mim no momento mais importante da nossa vida. Desse olhar, jamais vou me esquecer.

Você se lembra que eu tenho medo de sangue, né? Bom, não preciso dizer nem entrar muito em detalhes, mas, naturalmente, você imagina que um parto envolve sangue, muito sangue. Agora triplica essa quantidade que você imaginou por, sei lá, mil vezes. É essa quantidade e mais um pouco de sangue que sai no momento do nascimento do bebê e é absolutamente normal, tá?

E mesmo com todo aquele sangue, eu fiquei do lado da Zoo, segurando a mão dela, apoiando e esperando o Gael nascer. Para ser sincero, eu nem vi sangue. Eu só enxergava a Zoo e buscava, ansioso, o Gael. E acho que a Zoo percebeu isso. Naquele momento, meus medos e inseguranças não tinham importância, porque eu precisava estar ao lado dela e do meu filho. E ser pai é isso: vencer um medo e uma insegurança por dia. Aquele olhar de amor, companheirismo e confiança jamais vai sair da minha memória, e é isso que eu quero sentir sempre quando falar do Gael.

Nasceu. Meu filho nasceu, em casa, como a gente queria, e tudo correu bem. Foi emocionante. E só depois que eu ouvi da Zoo...

– DEPOIS QUE A PEDIATRA PESAR O GAEL E ATENDÊ-LO, PEGA ELE E FICA COM ELE. VOCÊ É PAI E VOCÊ PODE.

... é que eu entendi o que ela queria dizer com parto humanizado e por que queria tanto que o Gael nascesse em casa. Ele realmente saiu de dentro dela e veio pros nossos braços, com o calor do nosso amor, e isso fez todo sentido pra mim naquele momento. Pegar o meu filho, cuidar dele e me sentir pai fizeram com que as peças se encaixassem; e as explicações dela para aquela escolha fizeram todo o sentido.

Agora, com o Gael no mundo, muita coisa estava por vir, mas vamos tirar um tempo para curtir essa emoção? Respire um pouco antes de partir para os últimos parágrafos deste livro. Ou seria para o começo de tudo?

Depois de 28 horas sem dormir, a Zoo e eu só queríamos descansar. Mais a Zoo, é claro, e eu aproveitei para ficar um pouquinho mais com o Gael enquanto a mãe descansava, merecidamente, um pouco.

Isso é ser pai. Naquele momento, eu me vi pai e responsável por um ser humaninho que só podia contar comigo e com a Zoo para crescer e ser feliz. Era isso que iríamos fazer. Vem ver como foi esse começo. Para isso, é só acessar o meu canal: https://www.youtube.com/c/ChristianFigueiredo/featured

Mas, antes, já respirou e recuperou o fôlego? Então me conta, usando a hashtag #VouSerPaiOLivro nas redes sociais.

Agora é hora de fechar este livro e viver o momento, o hoje. Olhar ao redor e ficar atento ao que está acontecendo. Reconecte-se consigo mesmo.

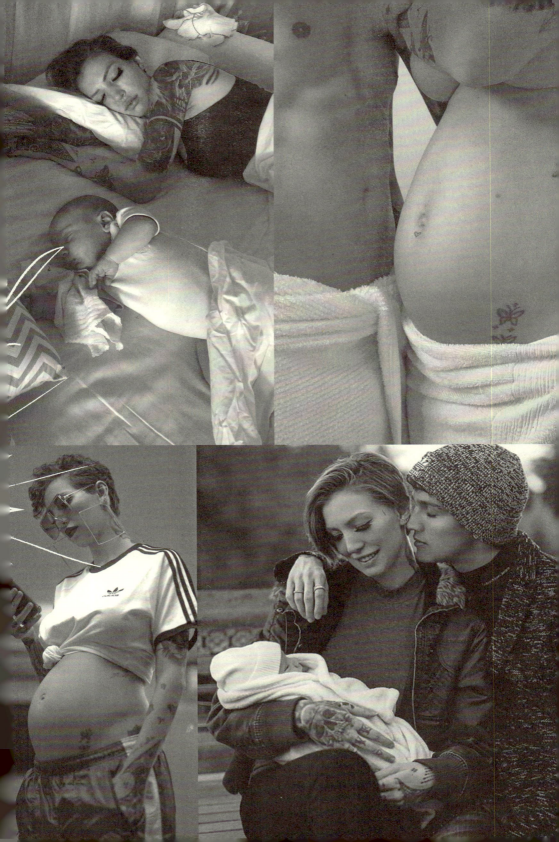